다빈치 books

재벌집 막내아들 부럽지 않은 **부의 신대륙**

조물주 위에
건물주 위에
이제 콘텐주

이유진 지음

누군가는 지금 이 시간에도 리스크 없이 따박따박
매월 월세를 받는 콘텐주가 되고 동시에
현금으로 건물을 매입하며 계층 사다리를 오르고 있다.
그들은 어떻게 그 큰돈을 벌었을까?

콘텐츠 창작자들의 어마 무시한 수입은
이제 메타버스를 타고 기적이 아닌 현실이 됐다.

상속 ·코인·
주식
NO!

재벌집 막내아들 부럽지 않은 부의 신대륙

조물주 위에 건물주 위에 이제 콘텐주

| **초판 1쇄 인쇄** | 2023년 2월 1일
| **초판 1쇄 발행** | 2023년 2월 7일
| **저자** | 이유진
| **책임편집** | 문보람
| **디자인** | 디자인다인 이시은, 오지윤
| **인 쇄** | 영신사
| **종 이** | 세종페이퍼
| **홍 보** | 박정연
| **제작/IP 투자** | ㈜메타유니버스 www.metauniverse.net
| **펴낸 곳** | 스토리피아, ㈜메타유니버스
| **유 통** | 다빈치 books ㈜메타유니버스
| **출판등록일** | 2021년 12월 4일
| **주 소** | 서울특별시 중구 청계천로 40, 14층 7호 주식회사 메타유니버스
| **주 소** | 서울특별시 마포구 월드컵북로 375 다빈치 books
| **팩 스** | 0504-393-5042
| **전 화** | 070-4458-2890
| **출판 콘텐츠 및 강연 관련 문의** | master@storypia.com

조물주 위에
건물주 위에
이제 콘텐주

이유진 지음

"제가 숫자로 증명해 보일게요.

정확한 데이터로, 확실한 현금 자산으로."

— 〈재벌집 막내아들〉 진도준의 대사 中

목차 —————————————————————————————

PART 2. 슈퍼 콘텐주의 안목과 가치관은 세계관이 된다!

들어가며

현실 진단!

콘텐츠로 건물주가 될 수 있다

건물주만큼 매달 따박따박 수입이 들어오는

젊은 콘텐츠 창작자를 '콘텐주(主)'라고 부른다.

연예인 관련 뉴스 중에서 연예인 '건물' 관련 뉴스는 매번 엄청난 조회 수가

나온다. '건물주'는 건물의 주인으로, 일반인이 생각하기에 노동을 하지

않아도 월세 수입으로 풍족한 생활이 가능한 사람이다. 일반인은 건물주들이

슈퍼카를 타고, 명품 쇼핑을 즐기고, 골프를 치고, 유럽 여행이나 취미생활에

몰두할 수 있다고 상상한다. 건물주에게 가장 부러운 것은 노동을 하지

않아도 되는 현실일 것이다. 많은 이들이 시간 제약에서 자유롭고 경제적으로 풍족한 삶에 로망을 가지고 있다. 억지로 해야 하는 공부나 일에서 벗어나 인생을 진짜 즐길 수 있는 시간 부자가 되고 싶은 것이다. 건물주가 되고 싶다고 꿈을 적는 초등학생들도 있는 지경이니, 이쯤 되면 다수의 로망이라고 할 수 있겠다.

하지만 평범한 샐러리맨이 건물주가 되는 일은 쉽지 않다. 부모에게 물려받은 자산이 있다거나 기업 투자, 주식이나 코인 투자로 크게 성공하지 않고서는 달성하기 어려운 목표다. 그런데 모은 종잣돈에 대출까지 받아서 어렵게 건물을 구입한 건물주들도 요즘 같은 시국에는 수입보다 지출이 많다. 미국의 자이언트 스텝으로 금리가 오르고 경기가 나빠졌기 때문이다. 건물은 가지고 있지만 임차인을 찾지 못해 공실이 발생하면서 매월 담보 대출 이자를 부담하는 건물주도 늘었다. 월세 수입은커녕 건물에 월세를 내는 건물주들이 생긴 것이다. 투자를 통해 수익을 벌어들이려는 노력은 항상 경기 침체 상황에서 위기를 맞는다. 원금이라도 건져야 하는 상황이 오는 것이다.

가진 돈을 잃지 않고 시간을 투자하여 이익을 얻을 방법은 없을까? 있다! 메타버스 시대, 플랫폼에 나의 콘텐츠를 탑재하는 일이다. 무형의 가치로 유형의 자산을 벌 수 있는 길이 대한민국 사람에게는 이미 열렸다.

임대료를 플랫폼에서 받는 사람이 있다! 콘텐츠라는 무자본 상품으로 매달 거액의 수익을 올리는 '건물주 아닌 콘텐주'로 살아가는 창작자들이다. 이들은 자신의 콘텐츠를 탑재한 플랫폼 회사에서 수익을 얻는다. 온라인 뉴스에 자주 등장하는 야옹이 작가는 <여신강림>이라는 웹툰이 대박 나면서 플렉스한 슈퍼카, 명품을 SNS에 업로드한다. 웹툰 그래서 얼마나 번다고 그러냐 생각할지 모르지만, 네이버 발표에 따르면 2021년 네이버 웹툰 1위 작가가 가져간 인세는 124억 원이었다. 월로 따지면 10억이다.

강남 최고 요지의 빌딩이라 해도 10억 월세를 받는 곳이 얼마나 되겠는가? 물론 1위 작가의 수입이어서 높기는 하다. 그렇다면 플랫폼사가 발표한 웹툰 작가의 평균 수익은 얼마일까? 2021년 네이버 웹툰에서 발표한 웹툰 작가의 평균 수익은 2억 8,000만 원이었다. 전체 웹툰 작가의 8.7%가 1년에 1억 이상의 수익을 가져간다는 통계도 있다.

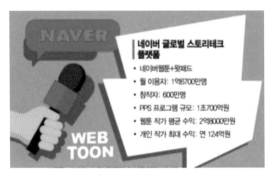

네이버 웹툰 작가의 세계

출처: 네이버

왜 이렇게 웹툰 작가의 수입이 늘어나게 된 것일까? 코로나19에서 기인한 사회적 거리두기로 온라인 콘텐츠 소비가 급격하게 늘었다. 팬데믹을 계기로 메타버스가 확산되면서 배송할 필요 없이 결제 후 바로 이용할 수 있는 온라인 콘텐츠는 전 세계를 판로로 하여 판매되고 있다. 굳이 세계 모든 언어로 번역하지 않아도 소비자가 브라우저 번역기를 활용해 편한 언어로 이용 가능하다.

우리나라 웹툰은 전 세계 150개국으로 서비스 중이다. 과거에 국내에서 한 권을 팔았다면, 이제는 글로벌 시장에서 100권을 파는 수준으로 매출이 상승했다. 따라서 콘텐츠 소유자, 일명 '콘텐주'들은 온라인 콘텐츠 시장이 확대되는 만큼 더 큰 인세를 받게 되었다. 웹툰뿐 아니라 웹소설 작가도 최고 호황기를 맞은 콘텐츠 시장에서 콘텐주로 등극했다. 온라인 게임도 아닌데 일 매출 1억을 찍는 웹소설 슈퍼 IP 작가들도 국내에 여럿 있다.

콘텐주들은 건물 이자 걱정도 없고 공실 걱정도 없다. 재산세나 보유세 걱정도 없다. 벌어들인 만큼 종합소득세를 신고하고 세금을 내면 끝이다. 게다가 1인 출판이 활성화되면서 자기 혼자 글을 써서 플랫폼에 업로드 하는 웹소설 작가도 늘었다. 다음 작품은 뭘 쓸까 고민하며 유유자적하게 해외여행을 하거나 자기계발의 시간을 갖는다.

요즘 강남에는 소리 없이 웹툰 과외, 웹소설 과외를 받는 학생들이 늘고 있다. 일러스트레이터나 프리미어를 배워서 영상 편집에 일찍부터 뛰어드는 10대들도 있다. 이들을 조용히 지원해주는 부모들은 안다. 앞으로 메타 버스를 타고 콘텐츠 저작권(IP)의 가치가 더 상승하리라는 것을 말이다. 명문대를 나와도 의대, 약대가 아니면 안정적인 직업을 갖기 어려운 세상이다. 어디에 투자를 해도 수익을 거두기에는 위험부담이 크다. 게다가 돈줄이 말라서 좋은 아이디어가 있어도 투자를 받기 어렵다. 괜히 무리하게 대출 이라도 받아 투자했다가는 이자는커녕 원금도 감당 못 해 벼락거지가 될 수도 있는 것이 요즘 경제 정세다.

이 책에서는 콘텐츠로 건물주가 된 사람들과 70년간 보장되는 저작권 수입의 메커니즘, 그 신세계를 소개한다. 자본도 필요 없고, 단기에 승부수를 띄워 현금을 확보할 수 있는 콘텐츠로 콘텐주가 된 그들의 노하우.

유산은 남길 수 없지만 내 아이를 창작자로 키우고 싶은 부모들에게도 일독을 권해본다. 그리고 앞으로 책 속에서 강조하겠지만 당신도 늦지 않았다. 혹시 당신에게는 콘텐츠가 없다고 낙담하는가? 살아온 시간만큼 쌓인 것, 당신이 누구보다 잘 아는 것, 체득되어 잊으려야 잊어버릴 수도 없는 것, 그 모든 것이 콘텐츠다. 누구나 나만의 콘텐츠가 하나씩은 있기 마련이니 걱정일랑 일단 접어두길 권해본다.

정동길에서 **이 유 진**.

PART 1.

콘텐츠로 건물주가 된 사람들

01.

웹소설·웹툰 콘텐츠로 콘텐주 그리고 건물주

〈재벌집 막내아들〉 산경 작가의 수입은?

산경 작가의 웹소설 〈재벌집 막내아들〉은 JTBC 드라마로 재탄생했다.

출처: JTBC, JHS

2022년 말 JTBC에서 〈재벌집 막내아들〉이라는 드라마가 대히트를 쳤다. 이 드라마의 원작은 산경 작가의 웹소설이다. 최종회인 16회에 원성이 높았던 것은 15회까지 진행되는 동안 사람들이 '재벌집 막내아들'로 태어난 진도준에게 동화되어 마지막까지 함께 카타르시스를 느끼고 싶었기 때문이리라. 꿈에서 깨어 다시 현실로 돌아와 빈털터리 윤현우로 회귀하는 결말로 마무리하기를 원했던 사람은 별로 없었을 것이 분명하다.

나도 진도준처럼 미래를 알고 있다면 얼마나 좋을까? 과거로 회귀한 진도준처럼 오를 주식 종목을 미리 알고 있고, 경제를 뒤흔들 위기 상황을 미리 알아 현금을 회수할 수 있다면 얼마나 좋을까?

아쉽지만 그렇게 살고 있는 사람이 현실에 있다고 한들 현재의 나는 아니다. 내가 오를 것이라고 기대하고 사둔 주식은 반 토막이 나고, '영끌'까지 해서 사둔 부동산은 하락 위기를 맞는다. 그게 현실이다. 안 쓰고 모은 월급으로 계획한 종잣돈을 만드는 것은 가능하지만, 종잣돈을 투자해서 더 큰돈으로 굴리는 일은 쉽지 않다. 특히 요즘같이 불안정한 시대에는 원금까지 까먹기 일쑤다. 산경 작가도 그런 평범한 샐러리맨으로 무역회사에 다녔더랬다. 젊은 시절에 무협소설을 보러 서점을 찾았다가 젊은 사람들이 장르소설을 꽤 많이 본다는 사실을 알게 되었다. 그리고 장르소설(웹소설)을 읽고 나도 써보자는 생각으로 무료 연재를 시작했다. 그리고 무료 연재에서 인기를 얻어 유료화가 되면서 월급보다 인세가 더 많아질 무렵 전업 작가로 전향해 본격적으로 글을 쓰기 시작했다고 한다.

산경 작가는 무역회사를 다닌 자신의 경험을 녹여낸 <비따비: Vis ta Vie>라는 작품을 가장 먼저 성공시켰는데, 결국 가장 개인적인 것이 가장 창의적이라는 콘텐츠의 성공 공식이 적용된 셈이다.

산경 작가는 아마도 '재벌집 막내아들'이 부럽지 않겠지

산경 작가의 데뷔 이후 누적 수입이 40억 원이라는 인터뷰 기사를 본 적이 있다. 이게 가능한 일인가? 온라인에 글 좀 써서 이렇게 많은 돈을 벌 수 있다니 믿기지 않을 수도 있다. 이제부터 극 중 진도준처럼 데이터로 증명해보겠다. '문피아'라는 사이트에서 대략적인 웹소설 수익 계산이 가능하다. 문피아의 경우 대체로 웹소설 25회까지를 무료로 제공한다. 26회부터 유료화가 되면 문피아와 작가 또는 출판사와 작가가 인세 계약을 체결하고 이때부터 수입이 발생한다. 수입을 계산해보자.

웹소설 한 편이 100원에 판매되면 작가에게 오는 수입은 60~70%가 된다. 100원에 팔리면 70원이 작가의 수입이 되는 셈이다. 물론 출판사와 계약된 작가의 경우 출판사에 70%가 입금된다. 그리고 그 금액에서 다시 70%니까, 판매금의 49%가 작가의 수입이 된다. 그런데 100원짜리 하나 팔아서 49원이라면 너무 적게 느껴질 수도 있다. 하지만 티끌 모아 태산 수준의 수입이 아니다. 기하급수적으로 불어나는 기적의 계산법이 여기에 있다.

$$35,000 \times 300 \times 100 \times 49\% = 514,500,000$$

보통 웹소설은 200화 정도가 한 작품이다. 요즘은 500화를 넘는 슈퍼 IP들도 있다. <재벌집 막내아들>의 경우 326화로 끝난다. 25화까지 무료라고 하면 유료로 판매되는 회차는 301화인데, 마지막 화의 구매 수는 39,763이다. 평균 구매 수를 35,000이라고 생각하고 수익 계산을 시작해본다. 문피아 플랫폼에서 <재벌집 막내아들>의 예상 인세는 평균 구매 수 35,000×300화×100원×49%가 된다. 514,500,000으로 산경 작가의 문피아 인세 수입은 5억 1,450만 원이다. 번역해서 해외로 수출하면 어떻게 될까? 수익은 우리의 계산을 뛰어넘는다.

문피아 <재벌집 막내아들> 구매 통계

출처: 문피아

만약 산경 작가의 전작인 <신의 노래>나 <비따비>처럼 회당 결제 10,000회를 넘은 작품이 여러 개라면, 자연스러운 월 임대수입 급 구조가 만들어진다. 이게 바로 '콘텐주'의 힘이다. 드라마화가 되면 차트 역주행의 기회를 덤으로 얻는다. 다음 회가 궁금해진 시청자들이 자연스럽게 원작의 후반부를 드라마보다 먼저 소비하게 되는 것이다.

그런데 이건 오직 문피아라는 플랫폼에서만 계산한 수익이다. 빙산의 일각 이라는 뜻이다. 2020년 국내 웹소설 시장 점유율 순위는 1위 네이버, 2위 카카오, 3위 문피아, 4위 조아라, 5위 리디북스 순으로 파악된다. 산경 작가의 작품은 네이버 시리즈와 리디북스 등 국내 다른 플랫폼들에서도 서비스 하고 있다. 전국의 모든 출판사에서 종이 책으로도 판매되고 있으며 e북 으로도 판매된다. 모든 플랫폼사의 매출과 종이 책 인세 수입을 더하면 문피아 수익에 몇 배를 곱해야 한다. 대략 3배만 곱해도 15억이다. 이는 어디까지나 공개된 통계에 의한 계산법이고 정확한 수익은 산경 작가 본인 만이 알 수 있을 것이다.

그런데 더 놀라운 것은 이러한 매출 집계 또한 국내에 국한한 수익일 뿐 이라는 것이다.

YES24에서 판매 중인 〈재벌집 막내아들〉 e북과 종이 책

출처: YES24

글로벌 스트리밍 넷플릭스에서 〈재벌집 막내아들〉은 전 세계에 공개되었다. 주요 국가에서 1위를 차지할 정도로 국내 흥행 결과가 고스란히 해외 차트에도 영향을 미친다. 한국의 드라마, 문화, 스토리를 소비하려는 대기 수요가 그만큼 풍부하다는 뜻이다. 또한 한국 드라마 시청자의 안목을 세계인이 신뢰한다는 뜻도 된다.

네이버 `문피아` 인수 추진

안갑성 기자
입력 : 2021-04-14 20:43:01

가 🖶 ≺ 🔖

| 국내 웹소설 3위…몸값 3천억

지난 1월 세계 최대 웹소설 플랫폼 왓패드를 6억달러에 인수한 네이버가 국내 웹소설 플랫폼 '문피아' 경영권 인수에 나선다.

14일 투자은행(IB) 업계에 따르면 네이버는 '문피아' 경영권 인수를 위해 최근 대주주 S2L파트너스, KDB캐피탈 등과 협상을 진행 중인 것으로 알려졌다. 이르면 이달 중 주식양수도계약(SPA)이 체결될 전망이다.

네이버 문피아 인수 관련 뉴스

출처: 매일경제

　문피아 최고 흥행작으로 꼽히는 웹소설 <전지적 독자시점>은 총 551화이고 <재벌집 막내아들>보다 1.5배 정도 높은 인세를 문피아에서 벌어들였다. 결국 <전지적 독자시점>은 문피아라는 플랫폼에 계약된 동안 문피아의 가치를 끌어올렸고, 문피아는 자그마치 3,000억에 네이버에 인수되었다. 네이버는 네이버 시리즈에 <전지적 독자시점>을 연재하면서 문피아보다 더 많은 수익을 벌어들이고 있다. 리디북스나 버프툰에서도 <전지적 독자시점>을 읽을 수 있다. 어린 학생들이 커가면서 <전지적 독자시점>이라는 명작을 다시 읽는다고 한다면 이 작품 하나로 벌어들이는 작가의 수입은

웬만한 건물주 이상일 것이다.

잘 쓴 웹소설 하나가 하루에 1억 이상의 매출을 올린다는 것은 이제 웹소설 업계에서 자주 볼 수 있는 일이 되었다. 카카오 게임이 처음으로 출시되고 명절에 하루 매출 1~2억을 찍는다는 뉴스를 본 것이 엊그제 같은데, 일반인도 진입이 가능한 웹소설이 전 세계에서 1억~2억 매출을 하루에 올리게 된 것이다. 이렇게 되고 보면 의사보다 웹소설 작가가 고소득자가 될 수 있다는 결론이 나온다.

보건복지부가 최근 발표한 '보건의료인력 실태조사'는 전국의 의사, 한의사, 약사 등 20개 보건의료직종 종사자 약 201만 명을 조사·분석한 자료다. 이 조사 결과를 보면 2020년을 기준으로 의사의 연평균 소득은 약 2억 3,100만 원이었다. 한편, 2020년 네이버가 발표한 웹툰 작가의 평균 수익은 2억 8,000만 원이었다. 놀랍지 않은가?

슈퍼 IP 〈사내맞선〉, 〈김비서는 왜 그럴까〉

2022년 SBS 드라마 최고 흥행작은 〈사내맞선〉이었다. 〈사내맞선〉도 웹소설이 원작이다. 카카오페이지 웹소설인데, 카카오페이지는 로맨스와 로맨스판타지 장르가 많다는 특징이 있다. 〈사내맞선〉은 드라마가 시작되고 웹툰까지 제작되면서 드라마의 스토리 전개를 궁금해하는 사람들을 웹툰, 웹소설 독자로 끌고 왔다. 드라마 방송과 동시에 〈사내맞선〉 종이 책이 재출간되었고, 웹툰과 웹소설의 유료 결제도 폭증했다.

2023년 1월을 기준으로 카카오페이지 〈사내맞선〉 조회 수는 452,470,000회이다. 기다리면 무료 등의 정책이 있는 카카오페이지에서 〈사내맞선〉 작가의 인세 수입을 가늠해보긴 어렵지만, 전체 열람자의 10%만 유료 결제라고 계산해도 452,470,000×100원×49%/10=739,034,333이다.

웹소설 〈사내맞선〉 한 작품으로 최소 7억 3,900만 원의 인세를 이미 가져 간 〈사내맞선〉 작가는 웹툰화가 되면서 웹툰에 대한 인세와 드라마화가 되 면서 드라마 판권료를 지급받았다. 또한 미국에서 영문판으로 출시되면 국내 보다 더 큰 시장에서 슈퍼 IP로서 매출을 올리게 된다. K드라마에 세계의 관심이 높은 만큼, 웹소설이 갖는 원천 스토리의 가치는 더욱 상승한다.

〈사내맞선〉

출처: 카카오엔터테인먼트

OSMU(One Source Multi-Use)는 하나의 소재를 서로 다른 장르에 적용하여 파급효과를 노리는 마케팅 전략을 말한다. 하나의 자원을 토대로 다양한 사용처를 개발해내는 OSMU는 하나의 콘텐츠를 영화, 게임, 책 등 다양한 방식으로 개발하여 판매하는 전략으로, 적은 투자 비용으로 높은 부가가치를 얻을 수 있다는 장점이 있다. 따라서 원천 스토리로서 웹소설은 작가들에게 콘텐주 건물주가 되는 길을 활짝 열어주었다. 게다가 연재 당시보다 웹소설이 OSMU되어 드라마나 웹툰으로 제작될 때 더욱 크고 지속적인 수입원이 되고 있다.

웹소설로 시작해 웹툰, 드라마로 제작된 <사내맞선>은 카카오엔터테인먼트의 '슈퍼 IP' 모범 사례로 꼽힌다. <사내맞선> 이전에 있었던 우리에게 익숙한 웹소설 슈퍼 IP 드라마는 <김비서가 왜 그럴까>이다. <김비서가 왜 그럴까>를 쓴 정경윤 작가는 자신의 약국에서 글을 쓰기 시작해 웹소설이 대박 나면서 약사 대신 웹소설 작가로 전업한 케이스다.

드라마화에 성공한 정은궐 작가의 세 작품

출처: 각 출판사

드라마로 대히트하면서 웹소설이 다시 역주행한 <해를 품은 달>, <성균관 스캔들>(원작 <성균관 유생들의 나날>)은 정은궐 작가의 작품이다. <홍천기> 까지 3개의 웹소설 작품이 모두 드라마화가 되었다. 특이한 것은 정은궐 작가가 신비주의 작가라는 점이다. 세 작품이나 히트를 시켰는데 작가의 신상 정보가 아무것도 알려지지 않았을 만큼 베일에 싸여 있다.

박보검을 일약 스타덤에 올린 드라마 <구르미 그린 달빛>도 윤이수 작가의 웹소설이 원작이다. 최근 윤이수 작가의 차기작 <해시의 신루>도 드라마화가 되었다. 웹소설은 글만으로 상품이 될 수 있기 때문에 개인의 진입 장벽이 비교적 낮은 콘텐츠 시장으로 평가된다.

웹툰 작가의 이유 있는 명품 플렉스

야옹이 작가를 검색하면 연관검색어로 요즘은 결혼식이 나온다. 최고급 호텔 결혼식 플렉스, 해외 결혼식 야외촬영 플렉스. 이전에 3억 원대 페라리 슈퍼카를 결제한 지 2년 만에 받았다고 인증했던 작가가 야옹이 작가다. 야옹이 작가는 SNS를 통해 화려한 슈퍼카와 드레스룸, 명품 가방 등을 꾸준히 공개해왔다. 야옹이 작가가 소유한 슈퍼카는 '페라리 로마'이며, 주로 착용하는 명품은 샤넬, 에르메스 등 고가의 명품이라는 것을 어린 학생들도 아는 지경이다.

웹툰 〈여신강림〉 표지　　　　일본어판 표지

출처: 네이버 시리즈

웹툰은 웹소설에 비해서 작화에 많은 시간이 든다. 웹툰 한 화는 대여가 200원, 소장은 400~500원 사이다. 웹소설은 글만 있으면 되지만, 웹툰은 스토리 창작뿐 아니라 작화가 필요하기 때문에 비싸다. 웹소설과 마찬가지로 인세가 플랫폼사에서 작가에게 지급된다. 예를 들어 한 화에 400원인 경우 판매가의 70%인 280원이 작가나 출판 에이전시에 돌아간다. 작가가 에이전시 소속이라면 280원의 다시 70%가 작가에게 돌아가는 방식이므로 196원이다. 그런데 196원씩 500화가 있고, 각 웹툰의 유료 독자가 1만 명이라면 매출은 196원×500화×10,000명으로 9억 8,000만 원이 된다.

게다가 '네이버 시리즈'의 콘텐츠에는 광고가 들어간다. 웹툰 플랫폼 '네이버 웹툰'에 광고를 적용한 데 이어 회사가 운영 중인 양대 플랫폼 모두에 광고를 추가했다. 네이버 웹툰은 광고 노출로 발생하는 매출 총액에서 광고 수주 수수료, 광고 매출 산정 및 분배 시스템 수수료, 서버비, 운영 리소스비 등을 제외한 순이익의 50%를 창작자에게 지급한다. 저작권 수입 외에도 광고 수입이 창작자인 콘텐주에게 돌아오는 시스템이다.

네이버 웹툰은 2013년부터 광고, 유료 콘텐츠, 지식재산권(IP) 사업 등 플랫폼이 창출할 수 있는 모든 수익 모델을 웹툰에 접목한 'PPS' 프로그램을 만들어 운영하고 있다. 2020년 7월부터 2021년 6월까지 PPS의 전체 규모는

1조 700억 원에 달한다. 개인 작가의 최대 수익은 124억 원, 전체 대상 작가의 평균 수익은 2억 8,000만 원이다. 네이버에 연재를 막 시작한 작가들의 평균 연간 수익은 얼마일까? 대기업 연봉을 웃도는 1억 5,000만 원이라고 알려져 있다. 웹소설 시장보다 큰 웹툰 시장에서 이미 현금을 확보한 콘텐주들은 실제 건물주가 되었다.

웹툰회사 투유드림의 대표 작가인 Meen 작가와 백승훈 작가는 같은 세계관을 공유하는 웹툰 유니버스를 만들었다. 공식 명칭이 정해지기 전까지는 위키와 팬카페에서 활동하는 팬들 사이에서 'Meen 유니버스', '민백두 유니버스' 등의 비공식 명칭을 사용했으나, 투유드림이라는 에이전시에 의해 '민백두 유니버스'가 공식 명칭으로 결정됐다. 민백두 유니버스의 웹툰은 일본 매출만 해도 연 80억 원 이상으로 예상된다. 두 작가가 반반 나눈다고 해도 40억, 꼬마빌딩 한 채 값이다. 아직 건물주가 되었다는 기사는 찾지 못했다. 그렇다면 이 작가의 경우는 어떨까? 1,100억 원대 진짜 건물주가 된 <외모지상주의> 박태준 작가 말이다. 그는 웹툰 작가 지망생들의 로망이 됐다.

1100억대 건물주 박태준 작가

박태준 작가의 〈외모지상주의〉 유튜브 티저 영상

출처: 박태준 만화회사 유튜브

1,100억대 건물주 박태준 작가는 박태준 만화회사라는 필명으로 인기 웹툰을 연재 중이다. 2017년 설립된 웹툰 스튜디오인 박태준 만화회사의 대표작으로는 〈외모지상주의〉, 〈퀘스트 지상주의〉, 〈김부장〉, 〈싸움독학〉이 있다. 이렇게 개인이 스튜디오를 차리는 경우 스토리 창작과 웹툰 작화가 한 장소에서 일어나고, 직접 플랫폼사를 관리하며 70%의 인세를 모두 가져갈 수 있기 때문에 작가의 수입이 급상승한다. 박태준 작가는 과거 방송된 예능 〈식신로드〉에서 200억 재벌설에 관해 해명한 적이 있다. "정말 1년에

200억을 버느냐"라는 MC 질문에 "과장됐다"라며 해명한 것이다. 박태준 작가는 실제로 웹툰이 200억 매출을 달성하는 경우 직원들의 월급과 스튜디오 운영 비용 등이 빠지게 되지만, 50%가 비용이라고 하더라도 한 편의 히트작으로 개인이 100억의 수입을 올릴 수 있다고 밝혔다. 이런 콘텐주들의 플레이 그라운드가 웹툰 시장이다.

이미 건물주로 유명한 기안84

기안84는 웹툰 작가보다 건물주로 더 유명세를 탔다. 사람들 대부분이 기안84를 알게 된 것이 건물주에 대한 기사 때문인 것을 보면 말이다. 뉴스를 검색하면 "기안84 60억 건물주 시세 차익 14억 연봉 17억의 사나이"라는 소개글을 볼 수 있다. 2019년 11월 그는 서울 송파구 석촌동에 위치한 지하 1층, 지상 4층 규모 건물을 46억 원에 매입했다. 현재 시세는 약 60억 원으로 알려져 시세 차익이 14억에 달한다. 젊은 나이에 대단한 부를 축적한 셈이다.

앞서 소개한 박태준 작가, 기안84, 야옹이 작가, 그녀의 남편인 전선욱 작가는 모두 80년대생으로 30대이다. 박태준 작가는 정확히 30세가 되던 해에 건물주가 되었다. 이렇게 조기에 부를 축적한 콘텐주들은 창작 활동에 더 많이 집중할 수 있다. 의식주와 관련된 경제적인 문제가 해결되었기 때문이다.

그간 쌓은 유명세는 쉽게 투자를 받을 수 있는 브랜드가 된다. 어쩌면 그들이 짓고 있는 건물의 가치보다 개인의 가치가 더 높을 수도 있다. 더 이상 투자자를 찾을 필요도 없고, 저가로 빌린 작업실에서 이사해야 하는 수고도 필요 없다. 잘 꾸며진 개인 작업실에서 보조 작가들과 함께 끊임없는 창작 활동에 몰두할 수 있다. 정말 인간 본연의 삶이 아닌가!

우리나라는 내수 시장이 작지만 네이버 시리즈, 카카오페이지, 문피아, 리디북스 등 플랫폼들이 경쟁하면서 플랫폼별로 성공하는 장르가 나뉘어 있다. 그리고 각 플랫폼에서는 공격적으로 해외 시장을 공략하고 있으며, 해외 시장에서는 한국의 우수한 콘텐츠들의 해외 판권 구입을 주저하지 않는다. 중국의 경우 텐센트가 독점 플랫폼사로 우뚝 서면서 창작자들은 플랫폼사를 옮겨 다닐 필요 없이 창작 활동에 몰두하고 있다.

중국에는 웹소설 작가만 1,000만 명이 넘는다. 대한민국 인구의 4분의 1이 웹소설을 창작하고 있는 셈이다. 거기에서 파생되는 시장은 더 어마어마하다. 텐센트의 계약 조건에는 연재를 중단하는 '휴재'에 대한 페널티가 포함돼 있다. 독자와의 약속을 지키지 않는 작가로 낙인찍히면 팬덤이 이탈하고 비난을 받으면서 신뢰를 잃는다. 따라서 이들 텐센트 웹소설 작가들은 보조 작가를 두거나 심할 경우 대필 작가를 써서까지 연재 날짜를 지킨다. 따라서 1,000만 명이 웹소설을 쓰는 데 더해 그 두세 배의 사람들이 메인 작가의 창작 활동을 돕는 일에 종사하는 셈이다.

텐센트에서는 2020년 웹소설 작가들이 총파업을 하는 사태가 벌어지기도 했다. 작가들의 이익을 최대한 배려해주던 사업총괄이 명예퇴직하고 별도의 자회사 대표로 이직하면서 텐센트의 계약 조건이 작가에게 불리해졌다는 것이 주된 이유였다.

텐센트의 웹소설 사업총괄은 위에원 그룹의 CEO가 되었는데, 웹소설 기업인 위에원 그룹의 2020년 기업 가치만 우리 돈으로 7조 3,000억 원이라고 하니 중국 내 웹소설 시장을 가늠해볼 수 있다.

현재 한한령으로 인해 중국 플랫폼 안에서는 한국 웹소설과 웹툰 콘텐츠가 제한적으로 판매되는 중이다. 그러나 한국 콘텐츠를 좋아하는 중국인들을 위해 게임사에서 판권을 사서 무료로 중국어 번역이 된 웹툰을 배포하는 방식으로 서비스하기도 했다. 게임을 사면 한국 웹툰 시리즈를 무료로 볼 수 있는 프로모션이었다.

한한령이 조금씩 완화돼 한국의 영상, 음원 그리고 웹소설과 웹툰 콘텐츠가 중국 플랫폼에 탑재되면, 웹툰과 웹소설 작가들은 지금보다 더 많은 수입을 올리게 될 것이다. 미국, 인도, 유럽, 특히 동남아권에서 한국 콘텐츠의 인기는 최고 수준이다. 콘텐주가 될 수 있는 기회는 이미 열렸다. 이 시점에서 가장 개인적인 이야기를 웹소설로 만드는 도전을 해보면 어떨까? 평소 무협소설이나 하이틴 로맨스를 즐겨 보던 사람이라면 우선 네이버 시리즈, 카카오 페이지, 문피아 등에 들어가서 흥미를 끄는 웹소설 한 편을 읽어보는 것이 그 시작이 될 것이다.

콘텐주 TIP. 웹소설 작가로 오늘 데뷔하기!

가장 쉬운 웹소설 데뷔 방법은 무료로 연재를 시작하는 것이다. 문피아, 조아라, 네이버 웹소설, 노벨피아 등 무료로 글을 올릴 수 있는 플랫폼은 많다. 산경 작가는 자신의 글을 모든 플랫폼에 다 올려보라고 조언한다. 플랫폼별로 독자가 선호하는 글의 장르나 스토리가 존재하기 때문에 어느 플랫폼에서 대박이 날지 모른다는 이유에서다.

40대 이상이라면 문피아를 추천한다. 문피아에 무료로 글을 올리다가 나름 일정한 구독자가 생겨 유료 전환이 가능하게 되는 데에는 나름의 기준이 있다. 문피아에서 유료 연재 신청을 하기 위한 조건을 소개해본다. 문피아 웹페이지에 자세히 나와 있는 내용이다. 우선 작품의 글자 수가 약 12만 5,000자(1권 분량=약 25화)는 되어야 하고, 추천이 1,000회가 넘어야 유료화 신청 및 승인이 가능하다.

문피아의 연재 신청 페이지

출처: 문피아

콘텐주로 살아가는 웹소설 작가들이 늘고 있다. 2018년에 일곱 명의 웹소설 작가가 모여서 작품 활동을 하는 창작 공간에 인터뷰를 하러 간 적이 있다. 매일 정해진 분량을 써서 출판사에 보내며 그들은 서로가 서로의 격려자이자 경쟁자가 되고 있었다.

한 작가가 대박이 나면 다른 작가들은 동기부여가 되어 더 열심히 글을 쓴다고 했다. 그룹 중 한 작가는 유럽을 여행 중이었다. 이전 한 작품으로 이미 16억 이상을 벌어서 완결하고 람보르기니를 한 대 구입한 뒤 국내 여행을 다니다가 다음 작품 구상을 하러 유럽으로 떠났다고 했다. 작업실 작가들은 그 작가처럼 되는 것이 모두의 로망이라고 말했다. 5년이 지난 지금 당시 만났던 작가들의 필명을 검색해보았다. 당시에 유럽 여행을 떠났다는 대박 작가는 다음 작품으로 더 크게 성공해서 더 많은 부를 축적했을 것으로 보였다. 그때 묵묵히 대박 작가의 꿈을 키우며 우리의 인터뷰에 성실히 응해주던 두 작가도 지금 카카오페이지의 밀리언페이지에서 그 이름을 찾을 수 있었다. 대박 작가로 성공했다는 뜻이다. 이제 더 흔하게 주변에서 웹소설 작가를 발견할 날이 머지않았다.

웹소설은 누구나 지금 이 순간 도전할 기회가 열린 분야다. 그렇다면 지금 바로 웹소설 작가가 되려면 구체적으로 어떻게 해야 할까? 먼저 내가 좋아하는, 스스로 질리지 않고 잘 쓸 자신이 있는 장르를 선택한 다음, 내 장르에서 잘나가는 웹소설 일명 '콘텐주 작품' 몇 편을 정독해보는 것부터 시작해보자. 만약 아이돌 세계 소재를 좋아한다면 <데뷔 못 하면 죽는 병 걸림>, 중세 작품을 좋아한다면 <재혼 황후>, 판타지 액션 장르라면 <전지적 독자 시점>, <나 혼자만 레벨업> 같은 초인기작들부터 읽어보길 권한다. 대중은 이미 인기작들의 문체와 구성에 익숙해져 있다. 그들의 작품을 교과서 삼아 습작을 해보는 것도 좋은 방법이다.

소설이라고는 학창 시절에 팬픽을 끄적거린 수준밖에 안 된다고 지레 자신감을 잃을 필요는 없다. 웹소설 몇 편만 봐도 유려하고 타고난 감성의 글솜씨보다는 반짝이는 아이디어가 빛나는 소재, 한 편에 기승전결을 담아낼 수 있는 구성력 그리고 성실함만 있으면 누구나 도전해볼 만하다는 걸 알 수 있다.

독자에게 얼마나 내 이야기를 확실하게 잘 전달할 수 있느냐 하는 점이 가장 중요하다. 웹소설 작가는 글쟁이라기보다는 이야기꾼에 가깝다.

한 편당 5,000~5,500자로 10편 정도 흔들리지 않고 꾸준히 쓴 저력을 갖고 있다면 당신은 바로 데뷔를 해도 손색이 없는 이야기꾼이다. 당장 네이버나 문피아, 조아라 같은 곳은 당장 누구라도 글을 올릴 수 있는 시스템이 갖춰진 웹소설 사이트다. 꽤 큰 시장인 카카오페이지는 무료 연재 게시판이 없다. 출간 계약을 마친 작품만 연재할 수 있기 때문에 왕초보가 문을 두드리기에는 접근하기 어렵다.

단, 웹소설 플랫폼마다 모여드는 독자층이 다르다는 점을 염두에 두어야 한다. 내가 쓰는 장르를 선호하는 사이트에 글을 올리는 것이 독자에게 선택당할 확률을 높일 방법이다. <사내맞선>, <김비서는 왜 그럴까> 같은 직장인 로맨스물을 썼다면 네이버가 좋다. 중세 시대를 배경으로 하거나 환생

물 같은 로맨스 판타지물이라면 조아라(네이버도 나쁘지 않다.), 판타지 액션이나 무협적인 요소가 많은 남성향 웹소설이라면 99% 문피아가 좋다. 물론 내 글이 그 어디에도 계약되지 않은 이상, 여러 사이트에 중복으로 올려보는 것도 좋은 방법이다.

네이버의 경우에는 작가 이력에 따라 글을 올릴 수 있는 리그가 구분되어 있다. 글을 처음 쓰는 사람은 챌린지리그에 작품을 올린다. 심사를 통과하면 베스트리그에 오를 수 있다. 베스트리그에 올라야 유료 전환이 가능하다. 베스트리그에서 포텐업으로 선정되면 본격적인 네이버 정식 웹소설 작가로서 대우를 받게 된다. 정식 작가가 되면 고정 고료를 받을 수 있다. 전담 삽화 작가도 배정받을 수 있다. 그전에는 샘플에 있는 이미지를 골라 내 표지로 삼아야 한다. 이 정도 되면 당신은 콘텐주 바로 직전이 있는 셈이다.

더 인기가 많다면 웹툰으로도 제작이 되고 또 드라마화까지 가능한 기회가 열린다. 그러나 대부분의 작품이 챌린지리그에서조차 살아남기 쉽지 않다. 워낙 문턱이 낮다 보니 매일매일 수많은 작품이 게재되기 때문이다.

사실 나 역시 글을 쓰는 직업이다 보니 주변에 글 좀 쓴다는 이도 많고 실제로 웹소설에 도전하는 이들도 많다. 가끔 단톡방에 "내가 쓴 웹소설에 댓글 좀 써달라"라고 읍소하는 이가 있다. 챌린지리그에서 벗어나 베스트리그로 승급하기가 쉽지 않다는 것이다. 그는 기자 출신으로, 현재는 전업 주부인데 취미로 웹소설을 쓰고 있다. 소설을 읽어보니 직장인 로맨스물을 쓰고 있었다. 글도 깔끔하고 문체는 나무랄 것이 없지만 소재가 문제였다. 까칠한 성격의 CEO과 인턴 여직원의 로맨스. 너무나 많이 봐온 소재다. 익숙한 소재도 좋지만 변주가 필요해 보였다. 어딘가 익숙한 듯 다른 느낌. "어? 이건 좀 다르네?"라고 느낄 수 있는 포인트가 필요하다.

매일매일 웹소설을 찾아 읽고 다니는, 소설가보다 더 웹소설에 정통한 독자의 새로운 호기심을 자극해야 한다. 본인 역시 웹소설은 도전하지 못하는 분야지만(게으른 관계로), 한 가지 건네고 싶은 말은 남들이 생각하지 못하는 소재를 떠올리는 재주가 있다면 반은 성공한 거라는 사실이다. 이 조언은 드라마 <힘쎈여자 도봉순>, <품위있는 그녀>, <날 녹여주오>, <마인>을 쓴 백미경 작가의 조언이다.

글만으로 읽는 이의 마음을 흔드는 일은 쉬운 일이 아니다. 그러나 독자의 입소문만으로 작가가 될 수 있는 등단 시스템은 공정한 과정이라고 본다. 도전하기도 전에 포기한다면 콘텐주의 기회는 찾아오지 않는다는 점을 명심해야 한다.

　　<하버드 새벽 4시 반>이라는 베스트셀러 서적에 관해서 들어본 적이 있을 것이다.

　　우선 당시 <하버드 새벽 4시 반>의 책 정가를 대략 15,000원으로 계산해보자. YES24에서는 정가의 60%로 책을 구입하여 90% 가격으로 소비자에게 판매한다. 출판사에서 YES24에 납품하는 가격은 권당 정가 15,000원의 60%인 9,000원이다. 책의 종이 값과 인쇄비는 내지가 흑백인 경우 권당 2,000원, 컬러인 경우 권당 4,000원이다. 2020년부터 원자재 값이 폭등해 종이 책은 제작비가 많이 든다.

1인 출판사가 낸 베스트셀러
〈하버드 새벽 4시 반〉

출처: 라이스메이커

　　권당 9,000원에 납품을 했을 때 하루 3,000권이 팔리면, 출판사에는 하루 27,000,000원의 매출이 생긴다. 하지만 9,000원이라는 출고가 안에는 통상 책 정가의 10%에 해당하는 저자의 인세 450만 원이 들어 있고, 내지가 흑백인 경우에는 3,000부에 600만 원 정도씩 제작비가 든다. 그래도 하루 최대 1,650만 원의 수익을 올릴 수 있다. 1인 출판사라면 이 수익을 개인이 가져가는 셈이다.

총매출에서 다시 임대료, 물류센터 유지비 등이 빠지고 세금도 내야겠지만, 이런 베스트셀러가 한 권이라도 나오면 출판사의 이익은 엄청나다. 대략 20일간 수익금은 3억이다. 이것은 하루에 3,000권, 한 달에 6만 권이 팔렸을 때를 가정한 것이다. 간혹 10만 권이 팔리는 책도 있다. 이 한 권에 대한 출판사 순수익이 5억이다. 40만 권이 팔린 베스트셀러라면 출판사의 수익은 20억, 약간의 대출을 보태서 꼬마빌딩을 살 수 있는 금액이다. 잘 팔리는 책 한 권만 있으면 수백 권의 책이 부럽지 않다.

게다가 요즘은 인쇄비나 물류비가 들지 않는 e북 출판이 늘면서 1인 출판으로 콘텐주가 된 1인 작가 중심의 출판사도 많다. 가장 많이 팔리는 장르는 바로 19금 소설이다. 기본적인 독자층이 보장되는 19금 소설은 e북 출판으로 연간 억대의 수익을 올리는 효자 장르다. 인쇄도 필요 없고 오직 작가의 글을 업로드하기만 하면 되는데, 업로드도 작가가 직접 한다. e북은 종이 책처럼 관리비가 들지 않기 때문에 글 자체가 상품이고, 리디북스에 올리는 것만으로 대기업 연봉을 벌어들이는 개인 작가도 많다.

과거에는 편집, 교정 교열 자체도 전문가를 별도로 고용했고 지금도 종이 책 출판을 위해서는 편집자와 교정 교열자가 필요하다. 하지만 온라인 출판의

한 배본사의 물류창고

경우 네이버 맞춤법 검사기 등으로 오탈자를 수정한 후 바로 상품화한다. 그리고 온라인에서 히트 작품이 되었을 때 종이 책 출간을 고려하면 된다. 종이 책 제작을 대행해주는 출판사는 무수히 많아졌다. 게다가 1인 출판의 경우 디자인 비용을 줄이기 위해서 망고 보드와 같은 디자인 사이트에서 책 표지를 만들고, 내지를 아래아한글로 디자인해서 판매한다. 그렇게 제작한 책의 이미지를 인쇄소에 보내서 제본을 하면 완제품이 된다.

이렇게 제작된 1인 출판사들의 종이 책을 별도로 관리하는 창고와 물류 차량을 갖춘 배본사도 많아졌다. 현재 월 임대료 5만 원부터 10만 원가량인 배본사들이 무수히 생긴 상황이다. 배본사에서는 매일 아침 각 서점에서 주문서가 들어오면 물류센터에 쌓여 있는 책 중에서 주문된 책을 골라 각 서점에 배송해준다. 여러 출판사들의 책을 보관하고 있기 때문에 낮은 가격으로도 배본이 가능하다. 인터파크가 교보문고와 통합된 이후 종이 책 배본이 필요한 서점은 YES24, 교보문고, 알라딘, 북센 이렇게 4개 서점으로 압축되었다. 이들 서점과 계약하면 전국 각지에 종이 책을 판매할 수 있다. 북센의 경우 작은 개인 서점들의 주문을 한곳에서 받는 시스템이라고 이해하면 된다.

또한 과거와 다르게 오프라인에 책을 진열하는 일이 적다 보니, 새 책이 더럽혀지거나 판매가 불가능한 형태로 망가져서 반품되는 비율도 줄었다. 배본사는 각 서점에 책을 납품할 뿐만 아니라 택배 서비스도 제공하고, 최근에는 책을 제작하는 일도 대행한다. 1인 출판사를 대상으로 하는 물류센터들은 소량 인쇄까지 대행해주는 서비스를 시행 중이다. 사실 1인 출판사를 운영하게 되면 매일 직접 주문을 받아서 배본사에 등록해 배본하고, 한 달에 한 번씩 세금계산서를 발급하고 세금 신고를 하는 일이 더해지지만, 책 한 권으로 10%의 인세보다 더 높은 수익을 거둘 수 있다. 기본적으로 월에 500권만 팔려도 대략 25~35%를 수익으로 가져가게 되는 것이다. 500권 이상 팔리는 1인 출판사는 대신 책을 관리하고 홍보하고 배본하는 작업을 계속 해야 하지만, 월 500권 이상 팔 수 있다는 확신이 든다면 바로 시작하기를 권한다. 단, 1인 출판사를 내서 책을 제작하고 배본사에 입고해 월

관리비를 내고 있는데, 책이 전혀 팔리지 않으면 고스란히 개인의 손실로 이어질 수 있다는 점을 명심해야 한다.

과거에는 종이 책을 만들면 영업 사원을 써서 홍보를 해야만 했다. 1인 출판사나 소형 출판사에서는 영업사원을 따로 고용하기에 부담이 있어서 이를 대행해주는 프리랜서들이 있었다. 이들은 자신의 차량에 책을 싣고 다니면서 전국 주요 오프라인 매장이 있는 서점의 판매 담당자를 만나 직접 책을 소개하고 홍보했다. 하지만 지금은 오프라인 매장에서 책을 구입하는 수요보다 온라인으로 책을 구입하는 경우가 더 많아졌다. 그래서 매장에 책을 들고 다니면서 홍보를 하는 것이 아니라, SNS에서 홍보를 하고 책의 온라인 판매 부수가 올라가면 오프라인 매장에도 책이 알아서 깔리는 시스템이 되었다.

한 권이라도 베스트셀러에 오르면 작가는 자신의 SNS를 관리하며 추가적으로 독자와 소통한다. 그리고 신간을 직접 기획하고 SNS를 통해 홍보하기도 한다. SNS는 이제 잠재 고객에게 출간 사실을 알리는 주요한 통로가 됐다. 그래서 출판사들은 우수한 콘텐츠를 창작하는 작가와 직접 계약을 하려고 하지만, 온라인 시장의 확장으로 출판 시장은 철저히 작가 중심으로 움직이고 있다.

글만 있으면 직접 1인 출판을 할 수 있는 세상이다. 리스크를 최소한으로 줄이고 싶다면 종이 책에 욕심을 내지 말고 웹소설이나 e북을 판매하는 것으로 시작해보자. 사무실도 필요 없이 집을 주소지로 하여 출판사를 내보기를 권한다. 그리고 1년에 종이 책으로 1,000부 이상을 판매할 수 있다면 물류센터 유지비를 제외하고도 소소한 출판 콘텐주로 부수입을 창출할 수 있다.

메타버스의 확대와 콘텐츠 구독 수입

메타버스 시대에는 1인 유니콘이 가능할 것이라는 예측을 숫자로 확인할 수 있다. 전통적으로 게임은 아이템 판매를 통해서 수입을 얻는다. 소셜 미디어는 광고를 주 수입원으로 한다. 일반적으로 소셜 미디어는 개방, 공유, 참여, 대화, 커뮤니티, 연결 등을 목적으로 등장한 네트워크 서비스다. 예를 들면 단문을 올리고 전송하는 마이크로블로깅(트위터), 대인 관계(페이스북, 링크드인), 정보 공유(유튜브, 플리커, 슬라이드 셰어), 저작 출판(위키백과) 등 다양한 목적으로 사용된다. 메타버스는 이들을 통합하는 개념으로 볼 수 있다. 그렇다면 메타버스의 매출은 얼마나 될까? 과연 메타버스로 돈이 될까를 들여다보자.

비즈니스 형태	메타버스 매출
콘텐츠 제작 및 판매	사례: 로블록스, 마인크래프트, 제페토 등 로블록스 내 게임 개발자들이 달성한 2020년 매출은 약 3억 3,000만 달러(한화 3,600억 원) 수준
미디어 중개 수수료	사례: 포트나이트, 로블록스, 제페토, 유니버스 등 포트나이트 게임 안에서 트래비스 스콧은 12회 공연을 하였으며, 총 매출 2,000만 달러(한화 216억 원)를 기록
마케팅 수수료	사례: 제페토, 동물의 숲(닌텐도), 로블록스 등 제페토의 매출은 아직 공식 통계가 없지만, 제페토 내에 나이키, 컨버스, 구찌 등 주요 브랜드가 입점함에 따라 입점 수수료 비즈 모델이 안착될 것으로 전문가들은 전망
구독료	사례: 유니버스 팬 활동에 대한 라이프로그 서비스, AI 기반의 가상 통화 서비스 등을 통해 매월 구독료를 받는 형태

석왕헌(2021), 메타버스형 서비스의 비즈니스 모델

출처: 석왕헌(2021)

이와 같이 메타버스 게임뿐 아니라 콘텐츠 전반에서 판매, 미디어 중개 수수료, 마케팅 수수료, 구독료 형태 등으로 수익이 나타나고 있다. 콘텐츠 시장은 점차 확대될 전망이고, 메타버스가 발전할수록 콘텐츠 부자 콘텐주들의 수입은 기하급수적으로 늘어나게 될 것이다.

특허로 100억? 특허 콘텐주의 신세계

2021년 페이스북은 메타라는 상표권을 사들이며 사명을 바꾸었다. 그리고 상표권을 페이스북에 400억에 판 사람이 미국에 사는 한국인의 자녀라는 뉴스가 실렸다. 페이스북은 사명을 바꾸면서 meta.com이라는 도메인 계정과 트위터 계정 @meta도 함께 확보했다고 공개했다. 메타버스라는 용어가 등장한 것은 2000년대 후반이다. 누군가가 메타라는 상표를 구입할 기업이 등장할 거라고 생각하고 자녀 이름으로 상표권을 등록해두었던 것으로 보이는데, 400억이라는 기사에 특별한 반박 기사를 내지 않는 것으로 보아 사실로 추정된다. 유튜브만 봐도 특허권과 상표권 등록 절차를 알 수 있지만 일반인들은 자신과의 연계성을 별로 생각하지 못한다. 하지만 6만 원 전후의 수수료를 내고 등록한 상표가 수백억까지는 아니고 수천만 원에라도 팔린 다면 신흥 콘텐주의 반열에 오르는 셈이다. 신기술에 관심이 많고 작명 실력이 있다면 상표권 콘텐주에 도전해보는 것도 좋을 듯하다.

페이스북은 400억에 메타의 상표권을 구입하고 사명을 변경했다.

출처: 메타

상표권 이전에도 특허는 지식창업자들의 주 수입원이 되어왔다. 국내에서 가장 많은 특허를 보유한 삼성전자의 경우 특허를 담당하고 있는 직원만 200명에 달한다고 한다. 한동안 뉴스를 떠들썩하게 달군 과기부장관 후보자의 현금 자산은 우리에게 특허의 가치를 재조명하게 했다. 2022년을 기준으로 이종호 과기부장관 후보자가 KAIST와 KAIST의 기술 자회사 KIP, 기타 기관에서 받은 특허 수입금은 166억 8,700만 원이었다. 이러한 사실은 후보자의 인사청문회에서 가시화됐다. 마산중앙고를 졸업하고 경북대학교 전자공학과를 나온 이종호 현 장관은 서울대학교 반도체공동연구소에서 근무하면서 반도체를 연구했다. 원광대 교수직 재임 중 2001년 카이스트와 finFET을 공동으로 개발했고 인텔에서 사용료를 받기 시작했다. 이후 인텔을 비롯한 반도체 기업으로부터 거액의 특허 사용료를 받고 있는데, 신고한 재산 160억 8,290만 원 중 상당 부분을 이 finFET 기술 특허료가 차지한다. 이종호 장관은 교수 시절에 특허 교육을 여러 번 받아 특허의 가치를 일찍 깨닫게 되었다고 밝혔다.

특허는 공학적 기술 없이 아이디어만으로도 등록이 가능하다. 자신이 아이디어를 가지고 있다면 특허로 등록할 수 있는데, 개인이 등록하면 특허 수수료를 70% 이상 감면받을 수 있다. 또한 특허청은 중소기업에 특허 출원료, 심사 청구료 등을 50~70% 감면하는 혜택을 제공한다. 요즘은 아래아한글이나 워드 프로그램으로 작성해서 특허로(www. patent.go.kr)에 업로드해 특허를 낼 수 있다. 임시명세서 출원은 특허 출원 또는 실용신안 출원을 하면서 통상적 서식에 따르지 않는 자유로운 형식의 임시명세서를 제출할 수 있게 하는 제도다.

간소해진 특허 온라인 출원 절차

출처: 특허청

아이디어가 있다면 신속하게 자신의 아이디어를 메모 형태로 적어 임시 명세서 출원 신청을 해둘 수 있다. 이후에 형식을 갖추어 특허 출원 신청을 하면 되는데, 임시명세서 제출이라는 제도가 좋은 이유는 아이디어를 선점함으로써 우선권 주장이 가능하다는 점 때문이다. 따라서 특허 신청을 위한 형식을 갖추어 출원 신청을 하느라 많은 시간을 보내기 전에 아이디어 상태의 임시명세서 제출을 꼭 해보기를 권한다.

브랜딩 콘텐주의 대표 주자 〈트렌드 코리아〉

한국인이라면 누구나 한 번쯤 구입해봤음 직한 책을 꼽으라면 단연 〈트렌드 코리아〉일 것이다. 〈트렌드 코리아〉는 매 해 10월쯤 발간되며, 다음 해의 트렌드를 예측하고 키워드를 내놓는다. 직전 해를 진단할 뿐만 아니라 가까운 미래의 트렌드를 선정하고 설명한다는 것은 기획자, 마케터, 경영인들에게 매우 유용한 자료가 된다. 출간 즉시 1위를 놓치지 않고 연초에는 내내 상위권을 유지하는 〈트렌드 코리아〉는 자체 브랜딩에도 성공했다. 〈아프니까 청춘이다〉로 베스트셀러 작가의 반열에 올라 있던 김난도 교수는 트렌드 연구자, 컨설턴트, 작가, 유튜버이기도 하다. 국내뿐 아니라 영문판으로 해외에 동시 출간되는 〈트렌드 코리아〉는 매해 어느 정도의 수입을 거두고 있을까? 작가 개인과 출판사의 입장에서 추산해보자.

우선 2023년 국내에서 20만 부가 팔렸다고 가정해본다. 2023년 책의 정가는 1만 9,000원이다. 20만 부에 대한 공저자들의 인세만 3억 8,000만 원에 달한다. 평균 출고 가격을 정가의 60%라고 본다면, 출판사 매출은 20만 부에 22억 8,000만 원이다. 작가들의 인세, 종이 책 인쇄비, 직원 월급, 홍보비, 세금 등을 제하더라도 출판사의 이익금은 20%, 20만 부에 5억이 넘는 순수익을 확보할 수 있다.

이러한 대박 책이 1인 출판사에서 일어나는 것이 가능할까? 물론 가능한 시장이다. 책이 온라인 서점에서 많이 팔리게 되면, 온라인 서점 랭킹을 보고 오프라인 서점에서 추가 주문이 들어온다. 교보문고, 영풍문고 등 오프라인 서점에서는 베스트셀러에 오른 책들을 눈에 잘 띄는 곳에 배치한다. 그러면 오프라인 서점의 주요 위치에 깔기 위해 지불하는 홍보비도 필요가 없어진다. 아이로니컬한 것은 독자들 눈높이가 높아지면서 온라인 댓글이나 평가가 판매량에 직접적으로 연결된다는 점이다. 홍보에 많은 투자를 한다면 초기에는 판매 부수를 올릴 수 있겠지만, 콘텐츠 자체가 좋지 않다면 네티즌의 외면을 받는다. 도리어 책을 추천하기보다는 구매를 만류하는 네티즌들이 생길 수도 있다. 이렇게 되면 판매량이 급속도로 줄어든다. 해외에서 성공한 책이라도 국내에 들여왔을 때 국내 상황에 맞지 않고 공감하기 어려운 콘텐츠라면 외면받기 일쑤다.

콘텐주 트렌드는 '특화 생존'

<트렌드 코리아>에서 '특화 생존' 부분의 2020년 사례는 콘텐츠의 주인이 되어 스토리를 기획하고 틈새시장을 찾는 방법을 설명하고 있다. 2020년에 본 내용이지만 현재까지도 참고할 수 있으며 오히려 지금 더 가슴에 와닿는 내용이다. 이렇게 나처럼 이전의 주제에서도 읽을 만한 키워드를 찾는 고객까지 생각한다면, <트렌드 코리아>의 최종 판매 부수는 해가 지나도 계속 늘어날 것이다.

2022 베스트셀러인 <역행자>라는 책은 "돈·시간·운명으로부터 완전한 자유를 얻는 7단계 인생 공략집"이라는 카피로 엄청난 판매 부수를 기록했다. 월 1억의 수익을 창출한 저자는 가장 개인적인 것을 가장 특화된 콘텐츠로 만든 케이스다. 이렇게 자신의 경험에서 특화된 콘텐츠를 발견하는 일은 콘텐주가 되는 시작일 것이다.

연예인 먹방은 흔한 콘텐츠지만, 나는 성시경의 '먹을텐데'를 찾아보면서 주말 맛집 투어를 시작했다. 성시경은 한 개인으로서 즐겨 가던 맛집을 하나씩 팬들에게 소개하는 방식으로 팬들과 소통하고 있다. 일반적인 먹방이나 맛집 투어와는 차별화된 매력이 있어, '먹을텐데'에 소개된 맛집들은 큰 유명세를 탔다.

자신의 특별한 경험에 관한 이야기, 투자 노하우, 교육 노하우, 자신이 즐겨 가는 숨은 맛집, 자신만이 가지고 있는 요리 레시피는 보편적이지만 특화 생존이 가능한 콘텐츠이다. 많은 이들의 관심 분야이기 때문이다.

02.

메타버스 콘텐츠로 콘텐주
그리고 건물주

게임으로 월 10억을 버는 게임 창작 콘텐주

로블록스는 최근 개발자 착취 논란에 휩싸이기도 했지만, 게임 개발자가 별도로 플랫폼이나 서버 구축 없이 게임을 만들고 아이템을 판매하는 형태로 콘텐주가 될 수 있는 가장 좋은 시스템이다. 로블록스는 게임 매출의 17%를 현금으로 창작자에게 지급하고 있다.

2021년 상반기에 로블록스에서 활동한 개발자들은 한화로 약 2,920억 원을 벌었다. 팬데믹 기간 동안 로블록스를 통해 연간 약 1억 원 이상의 수입을 올린 개발자의 수는 2배로 늘었다. 그리고 로블록스는 미국 10대들에게 유튜브보다 더 강력한 플랫폼이다. 미국에서는 10대 청소년이 로블록스에 머무르는 시간이 유튜브에서 머무르는 시간보다 길다고 하니, 로블록스가 얼마나 강력한 메타버스 플랫폼인지 짐작할 수 있다.

로블록스에서는 사용자가 로벅스라는 게임 내 재화를 구매하고, 로블록스에 개발자가 업로드한 게임에서 필요한 아이템이나 스킨 등을 구입하는 데 활용한다. 그리고 이 매출은 로블록스 플랫폼사와 게임의 개발자가 나눠 갖는다. 최근 이러한 시스템을 통해 게임 개발, 게임 아이템 개발로 수익을 얻는 콘텐주들이 늘고 있다. 그만큼 동일한 시스템으로 움직이는 플랫폼의 수도 늘어났다. 100% 독점 시장에서 경쟁사가 생기면, 경쟁사는 수수료율을

낮춰서 우수한 개발자의 수익을 늘리는 방식으로 시장 점유율을 늘린다. 로블록스에서 거둬 가는 수수료가 무려 75%라는 점에 비난이 일면서 비교 대상이 된 구글과 애플, 스팀은 30%의 수수료를 받는 것으로 밝혀졌다. 로블록스는 타 플랫폼의 두 배 이상을 수수료로 받는 셈이다.

IT 게임 전문 웹진 <게임뷰(www.gamevu.co.kr)>에 따르면, 로블록스에서 게임과 아이템을 판매하는 개발자가 사용자들이 지불한 로벅스를 수익으로 현금화하기 위해서는 10만 로벅스 이상이 모여야 한다고 한다. 사용자가 10만 로벅스를 구매하려면 1,000달러(한화 약 117만 원)가 든다. 그런데, 10만 로벅스에 대해 개발사가 현금화를 요청하면 개발자가 받는 금액은 350달러(약 41만 원)에 불과하다. 실제로 70% 이상은 플랫폼에서 가져가는 수수료인 셈이다.

최소 교환 금액의 경우 유사한 방식으로 운영되는 '세컨드라이프'가 10달러, '엔투피아 유니버스'가 100달러 수준인 것에 비하면 수수료 비율이 높다. 게다가 등록 게임이 수백만 개에 달하고 검색도 불편한 만큼 개발자는 게임을 홍보하기 위해 로벅스를 소모해 광고 슬롯 경매에 입찰해야 하는 상황이다. 결국 게임 개발자가 플랫폼사의 수수료, 광고 입찰 등으로 이것저것 떼고 실제로 받는 금액은 25%보다 더 적다. 실제로, 로블록스 코퍼레이션이 공개한 자료에서는 예약 매출 1달러당 개발자가 수령하는 금액은 17센트라고 밝히고 있다. 즉 실제로는 매출의 17%만 개발자가 가져가는 구조라는 것이다. 나머지는 플랫폼의 수입이다.

로블록스 코퍼레이션의 마케팅 부사장은 "처음부터 아이들이 다른 아이들을 위한 게임을 개발하게 하는 것이 목적이었다"라고 밝힌 바 있다. 하지만 일반적인 업계 표준보다 높은 수수료를 챙기면서 로블록스는 미래의 개발자들을 착취한다는 비난을 피할 수 없게 됐다. 그럼에도 불구하고 로블록스에 개발자들이 앞다투어 게임을 올리고 홍보하는 이유는 단 하나다. 가장 많은 사용자를 보유하고 있기 때문이다. 따라서 사용자들이 구입하거나 획득하는 로벅스의 양도 타 플랫폼에 비해 월등히 많다. 많은 사람이 몰리는 로블록스라는 메타버스에서 가상 경제활동이 활발하게 이루어지고 있기 때문에 게임 콘텐주들은 높은 수수료에도 불구하고 높은 수익을 올리고 있는 것이다.

로블록스 말고도 실제로 구글 플레이에 게임을 업로드해서 콘텐주가 된 사례들은 많다. 대기업에서 게임을 만들다가 아이디어를 얻어 회사를 그만두고 창업한 게임 개발사 대표들을 판교테크노밸리에서 흔히 볼 수 있다. 물론 이 중에는 게임 론칭 후 수익화에 실패하는 경우가 대부분이지만 잘 만든 대박 게임은 그 수익이 엄청나다.

최근 방치형 게임으로 대박을 터트린 소형 게임 개발사들이 있다. 이들은 방치 게임에 참여하기 위해서 사용자가 구입하는 아이템이 주 수입원이다. 아이템 가격은 천차만별이지만, 사용자가 많다 보니 대박 작품이 나오면 월 아이템 매출이 10억을 넘는다. 소규모 회사의 인력 규모가 8명 이내이다 보니, 대표자나 임원이 벌어들이는 수익은 상상을 초월한다. 게다가 이러한 게임 대박 콘텐주에게 더 큰 수입이 기다리고 있는 경우도 있다. 게임을 대기업에 매각하는 것이다. 달마다 들어오는 수익보다 게임을 매각하는 편이 더 유리한 경우도 많다. 게임의 매각 대금도 천차만별이다. 놀라운 점은 해마다 매각 금액의 기록이 생신되고 있다는 것이다.

Gaming's Biggest Acquisitions

Video game company acquisitions ramp up as content becomes largest commodity

In Billions USD ($)

Company	Acquired By	Price	Date
Zynga	Take-Two	$12.7	2022
Supercell	Tencent	$10.2	2016
ZeniMax	Microsoft	$7.5	2021
King	Activision	$5.9	2016
Moonton	ByteDance	$4	2021
Asmodee	Embracer	$3.1	2022
Mojang	Microsoft	$2.5	2014
Glu	EA	$2.4	2021
Oculus	Facebook	$2	2014
Peak	Zynga	$1.8	2020
Bandai	Namco	$1.7	2005
Leyou Technologies	Tencent	$1.5	2020
Playdemic	EA	$1.4	2021
Gearbox Software	Embracer	$1.3	2021
Sumo Group	Tencent	$1.27	2021
Codemasters	EA	$1.2	2021

역대 가장 높은 게임 인수액

출처: TweakTown 뉴스

"Top most expensive video game acquisition buyouts of all time"

우리에게 익숙한 마인크래프트(Minecraft)를 인수한 회사는 마이크로소프트(MS)였다. 스웨덴의 게임 개발사인 모장(Mojang)의 인수가는 2014년 기준으로 25억 달러(약 2조 5,000억 원)에 달했다.

마인크래프트

출처: 마인크래프트

　여전히 실리콘밸리에는 로블록스 등에 자신의 게임 아이디어를 올리고 게임회사에 게임 아이디어를 판매하려는 개발자들이 많다. 애초에 대기업 매각을 목적으로 로블록스에서 MVP(Minimum Viable Product)를 선보이는 개발자들이다. MVP는 창업자의 아이디어를 작동이 가능한 최소한의 핵심 기능만 탑재하여 선보이는 프로그램 또는 제품을 의미한다.

　따라서 게임 아이디어를 선보이고 대기업에 매각하는 일을 전문적으로 돕는 에이전시들의 활동도 활발하다. 대기업에서는 게임 하나를 만들기 위해 짧게는 몇 년, 길게는 십 년 이상의 개발 기간을 두어야 한다. 이렇게 인력과 노력을 투입하는 것보다 톡톡 튀는 젊은 개발자의 아이디어를 구입하는 것이 효율적인 경우도 많다. 게임을 즐기는 사용자가 많을수록 게임 콘텐주들의 수입도 높아질 것이다.

　게임 콘텐주들의 대표적인 특징은 게임 중독을 앓았던 게임 덕후라는 것이다. 게임을 많이 즐기다 보면 재미있는 게임의 특징과 고유의 규칙을 체득하게 되고, 자신이 하고 싶은 게임을 만들겠다는 동기부여가 게임 기획의 시작이 된다. 그간의 경험을 기반으로 떠오르는 아이디어를 통해 새로운 게임을 만들어가는 경우가 대부분이다. 이렇게 되고 보면 콘텐주가 되는 첫걸음은 덕질이 아닐까 싶다.

주인공이 아니어도 괜찮다, 다작하는 신스틸러 조연도 콘텐주다

요즘 넷플릭스와 같은 OTT에서 많은 제작비를 들여 블록버스터 오리지널 콘텐츠를 제작하면서 주연으로 캐스팅되는 톱스타의 회당 출연료도 급상승했다. 구글 플레이에서 방영된 <어느 날>에서 김수현은 회당 출연료로 5억을 받았다. 당시 국내 최고 개런티다.

하지만 그 회당 개런티 기록을 이정재가 깼다. 2024년 <오징어 게임 시즌2>에서 이정재가 받는 출연료는 회당 10억이다. 무려 2배다. 이정재는 <오징어 게임>으로 마블 영화에 출연하는 할리우드 스타만큼이나 인지도가 급상승했다. <오징어 게임>을 통해 한국 콘텐츠의 위상은 더 높아졌는데, 인지도 있는 톱스타의 출연은 관객이 드라마나 영화에 흥미를 갖게 하는 가장 기본적인 힘이다. 스토리가 덜 재미있더라도 출연자의 후광으로 손익분기점을 넘을 수도 있다. 거기에 재미있는 스토리까지 더해지면 금상첨화다.

그렇다면 이러한 출연료는 1회성일까? 그리고 조연들의 출연료는 어떨까?

결론부터 말하면 주인공에게는 최초 출연 시 지급되는 출연료 외에 재방송 횟수별로 출연료가 지급된다. 방송사는 한국방송실연자협회와 재방송 출연료 계약을 맺어 출연료를 협회에 지급하고, 이것을 출연자가 정산 받는 시스템이다. OTT로 판권이 팔릴 수도 있고, 각종 케이블 채널이 늘면서 재방송으로 출연자가 정산 받는 금액도 늘었다. 따라서 배우나 개그맨, 가수, 예능인 등 출연자들이 한국방송실연자권리협회에 가입되어 있으면 최초 출연료뿐 아니라 재방, 삼방 출연료를 받을 수 있는 것이다.

출연했던 영상 콘텐츠로 출연자들은 콘텐주가 되었다. 공중파 중 KBS와 MBC의 재방송 출연료는 원출연료의 20%, 3방은 12%, 4방 이상은 10%이고, 새벽 1시 이후 심야에 방송되면 7%다. SBS는 각각 14.5%, 8.7%, 7.25%, 5.6%로 요율이 좀 낮은 대신, 각 지역 민방에서도 별도로 출연료를 지급한다. 실연자협회는 이 같은 요율에 따라 방송사에서 출연료를 받은 뒤 수수료 등을 제외한 금액을 출연자에게 준다. 일반적으로 출연료는 한국연기자방송 노동조합이 정한 출연료 기준표를 토대로 한다. 이 기준에 따르면 출연료는 6~18등급으로 나뉘어 있다. 최고 등급인 18등급의 회당 출연료(60~70분 미니시리즈 기준) 상한선은 188만 4,200원이다. 톱 배우라면 회당 출연료 가 수천만 원에 이르기도 하지만, 재방송 출연료는 원래 받았던 출연료가 아닌 188만 4,200원의 20%로 결정된다는 이야기다. 그런데 톱 배우는 이 미지 소모를 줄이기 위해 1년에 한 편의 드라마나 영화에만 출연하며 일 정을 조율한다. 반대로 조연들은 한 해에 대여섯 편까지도 출연한다.

요즘은 드라마 제작 편수가 많아지면서 조연들이 여러 작품에 출연하는 사례도 많아졌다. 그렇다면 톱 배우에 비하면 10% 정도의 출연료를 받는 조연들이라고 해도, 자주 출연한다는 장점을 갖게 되어 출연료를 더 많이 받을 수 있다. 예를 들어 조연으로 100회 이상 출연하는 배우는 재방송 수수료로만 계산해보았을 때 작품 개수가 적은 톱스타 부럽지 않은 재방송 출연료를 받게 되는 것이다. 6등급이 고정으로 16부작 미니시리즈에 출연한다면, 6등급의 60분 한 회당 기준이 약 40만 원이라서 40만 원×16회=640만 원가량의 출연료를 받을 수 있다. 단역은 일일드라마 10만~20만 원, 미니시리즈 20만~30만 원을 평균으로 한다.

가수나 개그맨, 예능인이 드라마나 각종 예능 프로그램 등에 출연할 때도 마찬가지로 출연료가 책정되고 재방송 수수료를 받는다. 하지만 가수가 음악 프로그램에 출연해 노래를 하는 것은 이 같은 출연료 규정에 해당되지 않는다.

케이블 채널을 통해 재방송될 때 출연료는 채널에 따라 다르다. 공중파 프로그램 판매 금액이 케이블 채널별로 다르기 때문에 실연자협회는 각 케이블 채널과 별도의 요율에 따라 계약을 맺는다.

tvN의 경우 재방송 출연료를 한 번만 내면 3년간 횟수에 상관없이 방송을 내보낼 수 있다. 결론적으로 연예인이 드라마나 예능에 출연하는 것은

1회성이 아니라 지속적으로 재방송 수수료를 받는 시작인 셈이다. 만약 해외 OTT에 영상물이 판매되면 해외에서도 출연료 수입을 얻게 된다. 출연 작품이 많은 경우 콘텐주로서 살아갈 수 있는 월수입이 생긴다. 이것은 연금보다 탄탄하고 끊임없이 입금되는 콘텐주들의 콘텐츠 임대료인 셈이다.

집밥 음식 레시피로도 콘텐주가 될 수 있다

백종원 요리연구가는 일평생 음식에 매달려온 사람이다. 그런 그를 단순히 요리연구가라고 지칭하기에는 부족해 보인다. 그는 탁월한 요식업 마케터이자 컨설턴트이며, 사업가이고 방송인인 동시에 음식 레시피 콘텐츠 생산자다.

그는 콘텐츠 하나에 진심을 담으면 얼마나 파급력이 커지는지 몸소 보여준 인물이기도 하다. 게다가 어찌 보면 생활 속 한 부분에 불과할 만큼 특별하지도 새롭지도 않은 음식 콘텐츠로 말이다. 그는 이미 '쌈밥집'이나 '포차'를 운영하며 성공한 사업가였다. 그대로 프랜차이즈 요식업 사업가에 머물 수도 있었던 그는 어떻게 콘텐츠 생산자가 됐을까. 그는 스스로 콘텐츠를 만드는 사람이라는 사실을 깨닫고 새로운 것에 도전하면서 인생이 180도 변해버렸다.

요리연구가 백종원이 운영 중인 유튜브는 구독자가 567만 명이 넘는다.

출처: 백종원 유튜브

백종원의 유튜브 채널 '백종원 PAIK JONG WON'의 구독자 수는 2023년 1월 기준으로 567만 명이 넘는다. 이 채널 속에는 다양한 음식 관련 콘텐츠들이 녹아 있다. 시장 탐방, 음식점 컨설팅, 김치 소개, 음식 레시피 코너까지 마치 모든 음식 관련 방송을 모아놓은 종합 방송국처럼 느껴진다. 유튜브 수익 계산 사이트에서 알아본 백종원 채널의 월수익은 7,466만 2,425원이다. 물론 제작비나 스태프들의 인건비는 빼야 한다. 그는 20명 정도가 '백종원' 유튜브 제작에 참여하고 있다고 밝혔다. 방송이나 본업을 하지 않아도 그는 유튜브 채널만으로 충분히 콘텐주가 된 것이다.

백종원은 이미 <골목식당>, <맛남의 광장>, <백파더> 같은 예능 방송을 그만두었다. 하고 싶은 콘텐츠를 마음대로 할 수 있는 유튜브 채널이 훨씬 좋다는 뜻이다. 그는 평소 하고 싶었던 공익 사업인 '지역 경제 살리기' 제1탄 예산 시장 리모델링 프로젝트를 완성하고 해당 콘텐츠를 공개했다. 다른 지자체에 방향성을 제시하고 싶다고 한다. 백종원은 재미와 예능이 우선인 방송에서 할 수 없는 자신만의 콘텐츠 세계를 이미 만들어가고 있다.

78세 유튜버 '손맛할머니' 이용숙 씨는 누구나
콘텐츠 크리에이터가 될 수 있다는 것을 보여주는 인물이다.

출처: 손맛할머니 유튜브

이미 성공한 요리연구가이자 요식업 사업가인 백종원만의 이야기는 아니다. 평범한 나만의 레시피도 누군가에게는 훌륭한 콘텐츠가 된다는 사실을 강조하고 싶다. 1년 전 실버 유튜버로 취재를 했던 채널 '손맛할머니' 역시 별다른 콘텐츠를 갖춘 채널은 아니었다. 이용숙 할머니는 경기도 양평에 텃밭을 일구며 직접 기른 가지, 고추, 쌈 등 제철 식재료를 이용해 한 상을 차려내는 음식 레시피와 먹방 콘텐츠를 운영하고 계셨다. 할머니의 구독자는 2023년 1월 기준 17.8만 명, 조회 수도 꽤 잘 나오고 있다.

음식 관련 콘텐츠는 유튜브에만 존재하는 것이 아니다. 2011년쯤부터 SNS의 발달과 함께 후기 콘텐츠인 온라인 입소문만으로 식당을 찾는 손님들 덕에 대박 식당들이 탄생하기 시작했다. 대표적인 콘텐주 사례는 많지만 여기에서는 속초에 있는 봉포머구리집 사례를 소개해보려고 한다. 최초로 네이버 블로그 후기를 보고 찾아갔을 때 봉포머구리집은 4인 테이블이 4~5개 있는 작은 가게였다. 이곳은 온라인으로 입소문을 타면서 줄이 늘어서기 시작했고, 인근 가게를 얻어서 확장 이전을 했는데도 대기 줄이 200명을 넘어설 정도였다. 다른 사람과 마찬가지로 봉포머구리집 앞에서 번호표를 뽑은 다음 인근 항구를 둘러보고 다시 줄을 서서 기다린 뒤에야 들어갔던 기억이 생생하다. 지금은 해안가에 멋진 건물을 올리고 로봇이 서빙을 하는 거대한 최신 시설에서 운영되어 대기 시간이 거의 없다. 하지만 당시에는 봉포머구리집에서 물회를 먹기 위해 속초를 방문하는 사람들도 많았다.

청초수물회도 많은 사람들이 찾는 명소이고, 이제 두 집은 프랜차이즈를 만들어서 수도권에도 분점을 냈다. 익히 잘 알려진 제주도의 '연돈'은 예능 프로그램인 <백종원의 골목식당>에서 발굴한 맛집이다. 봉포머구리집처럼 규모를 키우지 않아서 아직도 대기 예약을 해야 하는데, 그것이 '연돈'을 즐기기 위한 하나의 미션처럼 되었다. 이러한 맛집은 온라인 콘텐츠인 '후기'의 힘을 통해 전국적인 맛집으로 거듭났다. 요즘 식당들이 SNS 마케팅에 열을 올리는 이유다. 악성 후기로 골머리를 앓는 부작용도 있긴 하지만 온라인 속 입소문은 식당 성공 여부에 크게 작용하고 있다.

게다가 맛십 자체도 콘텐츠가 될 수 있다. 요리 레시피 판권을 판매할 수도 있고, 대기업에서 밀키트나 간편식 같은 대량생산을 원하는 경우 매월 로열티를 지급받는 방식으로 계약할 수도 있다. 국물 떡볶이, 의정부 부대찌개 등 맛집 고유의 조리법으로 맛을 낸 제품을 소비자들은 더 신뢰하고 선호한다. 이 역시 검증된 콘텐츠의 힘이다.

돈 안 되는 사진과 영상? 이젠 아니죠!

사진 공유 및 판매 사이트 '셔터스톡'

사진작가 이성원 씨는 프리랜서 활동 작업물 중 퀄리티 좋은 사진을 셔터스톡 같은 사진 및 영상 공유 사이트에 올려놓는다. 한 달에 60만 원 정도밖에

수익이 나지 않지만(셔터스톡에 올린 사진의 경우 1장에 0.1달러의 수익이 저작권자에게 돌아가는 것으로 알려져 있다.) 특별한 공을 들이지 않고 하는 작업이라 만족스럽다. 게다가 이는 자신이 사망한 뒤에도 자녀에게까지 수익이 갈 수 있는 유산이 되기 때문에 꾸준히 사진을 업데이트하고 있다. 사진 작품도 음원이나 콘텐츠 저작권처럼 사후에도 그 수익을 보장받을 수 있는 대표적인 창작물이다.

이성원 작가처럼 투잡으로 접근하는 포토그래퍼도 있지만, 공유 사이트에서 적극적인 활동으로 수입을 얻는 전문 포토그래퍼도 있다. 이들은 시즌별로 분위기에 맞는 고객 맞춤형 사진을 준비해 사진 공유 사이트에 올린다. 예를 들어 크리스마스라면 크리스마스 관련 사진과 영상을 세팅해 올리는

것이다. 모델이나 장소도 섭외해 투자를 아끼지 않으며 작업한다. 업계에

따르면 사진 공유 사이트에서 적극적으로 활동하는 포토그래퍼들은 한 달에

400만 원에서 500만 원의 수익을 얻는다고 한다.

　사진 촬영을 취미로 하는 사람도 꽤 많은데 도전해볼 만하다. 내가 작업한

사진이 상업적으로 누군가에게 이용된다는 사실 자체만으로도 짜릿하고

흐뭇할 것이다.

아침드라마 무시하지 마라, 한 작품당 아파트 한 채씩 나온다

자고로 아침드라마는 '욕 하면서 보는 맛'이라고들 한다. 누군가는 "저 정도는 나도 쓰겠다", "지난번 끝난 드라마랑 내용이 똑같잖아?"라며 푸념하지만 결국 '보고 또 보고'를 하게 하는 것이 아침드라마의 매력이다.

그곳에는 늘 어떤 주부라도 이입하게 하는 억척스럽지만 메이크오버 하면 또 절세미인으로 변신하는 '캔디' 캐릭터의 기혼녀가 등장한다. 토끼 같은 아이 한 명은 옵션. 남편은 언제나 쓰레기에 바람둥이다. 결국 "사랑이 죄는 아니잖아?" 같은 얄미운 대사를 던진 남편은 다른 악녀와 떠나버리고 '주부 캔디'는 이혼을 당한다. 영문을 모르는 아이를 부둥켜안고 처연하게 눈물을 짓는 '주부 캔디' 옆에는 어느샌가 실장님 혹은 재벌가 아드님이 아련한 눈빛으로 바라보며 서 있기 마련이다.

왕자님과 사랑을 이루기까지는 100부작이 넘도록 우여곡절이 많다. 실장님 옆에는 늘 반짝거리지만 싸가지는 부족한 전형적인 악녀 부잣집 외동딸 연적이 있고, 가끔씩 잊고 있던 전 남편이 나타나 속을 뒤집어놓는다. 그럼에도 캔디는 실장님의 서포트를 받으며 모든 위기를 잘 헤쳐 나가 해피엔딩을 맞는다. 애 딸린 이혼녀가 '멀쩡한' 총각 실장님 가족에게까지 받아들여지니 지성이면 감천인지, 현실과는 다른 판타지 그 자체다.

해당 줄거리는 보는 독자마다 다른 드라마를 떠올릴 정도로 아침(일일) 드라마의 전형적인 내용이다. 누구나 쓸 수 있을 것 같지만 누구나 쓸 수 없는 것이 바로 이 아침드라마라고 말하고 싶다. 비슷비슷한 권선징악 캔디 스토리에서 얼마나 누가 더 참신하게 변형을 더하고 귀에 쏙쏙 박히는 대사를 일필휘지하느냐, '김치 싸대기' 같은 화제 충만한 소재를 넣느냐, 하루하루 엄청난 양의 원고를 누가 더 성실하게 생산해내느냐에 따라 일일드라마 작가로 인정받을 수 있기 때문이다(쓰고 보니 만만치 않은 능력이군.).

'저런 내용 나도 쓰겠다' 하지만 누구나 쉽게 될 수 없는 일일드라마 작가들의 수입은 어느 정도일까? 경력이나 흥행작 이력에 따라 다르겠지만 100부작이 넘는 작품 하나를 끝내면 아파트 한 채 값은 벌어들이는 것으로 알려졌다. 기본 원고료 200만 원에 특고료를 더하면 최소 1회당 500만 원의 원고료를 받는다. 100부작이면 최소 5억이다. 스타 작가는 회당 원고료가 천정부지로 치솟는다. 게다가 재방송을 하게 되면 재방 수수료가 회당 최소 10만 원 정도라고 해도 100회를 곱하면 1,000만 원이 된다.

일일드라마 화제성에 획을 그은 '김치 싸대기' 장면.
이후 된장 싸대기, 스파게티 싸대기 등 유사 장면이 등장했다.

출처: MBC <모두 다 김치>

　　현재 다양한 채널에서 과거 드라마, 연속극들을 재방송하고 있기 때문에 우리가 예전 드라마를 보는 횟수만큼 작가들에게 재방 수수료가 지급되는 셈이다. 해외로 수출되는 경우에도 인세가 입금된다. 여러 편의 드라마를 쓴 작가라면 이러한 인세 수입이 수시로 입금되는 데다가 이는 상속이 되는 저작권이니 70년간은 자녀들까지 인세 수입을 받을 수 있다.

　　모두가 그런 것은 아니겠지만 일부 아침드라마 작가는 극본을 대신 써줄 보조 작가를 수십 명씩 두고 자신은 방송사나 제작사 PD들에게 영업을 하기 위해 골프 치러 다니기 바쁘다고 한다. 메인 작가들이 법인을 차려 직접 영업을 뛰고 보조 작가가 글을 써서 메인 작가들에게 제공하면, 메인 작가가 편집하여 내보내는 시스템으로 운영되는 작가 작업실도 많다.

2015년의 한 기사에 따르면 <오로라 공주>, <압구정 백야>를 쓴 임성한 작가가 일일드라마 두 작품으로 챙긴 원고료는 편당 1,800만 원 정도로 최소 50억 원이다. 이는 부수익을 제외한 원고료만을 말한다. '막장 드라마의 효시'라고 불리는 임성한 작가는 2015년 당시에 이미 <보고 또 보고>, <왕꽃 선녀님>, <인어아가씨>, <하늘이시여> 등 다수의 히트작을 낸 일일드라마 업계 톱이었기에 가능한 원고료다.

임성한 작가는 총 150부작인 <오로라 공주>로 원고료 27억 원의 수입을 올린 것으로 알려졌다. 일일드라마임을 감안하면 편당 1,800만 원으로, 일주일에 9,000만 원의 수입을 올린 것으로 추산할 수 있다. 149부작인 <압구정 백야>의 원고료도 27억 원에 가깝다. 따라서 같은 기준을 적용하면 작품 두 편으로 무려 53억 8,200만 원의 원고료를 번 셈이다. 이마저도 거의 10년 전 시세다.

6년 만의 복귀작인 <결혼작사 이혼작곡>으로 임성한 작가는 얼마를 받았을까? 업계 이야기에 따르면 회당 1억 원에 다다르는 것으로 전해지고 있다. 6년 만의 복귀라는 점과 썼다 하면 시청률과 화제성을 잡아내는 작가

이니 그 정도는 과한 금액도 아니라는 의견이다. 오랜 휴식기를 가졌음에도 10년 만에 원고료가 10배 가까이 오른 이유는 과거에 비해 그만큼 콘텐츠의 위상이 높아지면서 덩달아 단가도 높아졌기 때문이라고 볼 수 있다. 향후 콘텐츠 관련 단가는 상상을 초월할 정도로 더 높은 평가가 이뤄질 것으로 추측한다.

넷플릭스 오리지널 〈블랙의 신부〉. 아침드라마
특유의 막장 요소를 그대로 보여준다.
출처: 넷플릭스

게다가 일일드라마라고 낮은 평가를 받아야 할 시대도 지났다. 아침드라마 〈나도 엄마야〉, 〈어머님은 내 며느리〉, 〈장미의 전쟁〉 등을 집필한 이근영 작가는 배우 김희선과 함께 전 세계 작가들에게 꿈의 무대인 넷플릭스에도 진출했다. 바로 〈블랙의 신부〉다. 내용은 위에서 언급한 캔디 스토리와 별반 다르지 않다. 100부작의 아침드라마를 넷플릭스용인 8부작으로 축약했다는 점, 김희선이 등장해 드라마 '때깔'이 달라졌다는 점만이 다를 뿐이지만 아침드라마 특유의 빠른 전개와 매운맛 내용으로 킬링타임용으로 꽤 괜찮게 볼 수 있다.

넷플릭스는 왜 한국식 막장 드라마를 픽했을까? 지난 2014년 유럽에서 가장 많은 인기를 끈 드라마의 국적은 주로 남미였다. 남미 드라마의 '막장' 정도는 한국보다 더 맵디맵다. 그런 측면에서 결코 수요를 무시할 수 없다. 결국 욕하면서 '막장 드라마'를 즐겨 보는 시청자들을 위해 만들어진 것이다. 현실에서 일어날 수 없는 일들이 주는 통쾌함도 있다. 그런 의미에서 철저히 수익성으로만 작품을 따지는 넷플릭스가 '막장 드라마'를 배제할 이유는 없는 것이다.

원조 콘텐주, 강남 건물주 드라마 작가들 '김은숙', '김은희', '김순옥'

아침드라마를 논하다가 미니시리즈 스타 작가들의 이야기로 넘어가면 돈의 단위가 달라진다. 이들이 작품 한 편을 끝내면 아파트가 아니라 빌딩이 한 채씩 턱턱 나온다. 그것도 재방, 삼방을 통해 끝도 없이 수입이 창출되고 있다.

그중 김은숙 작가의 성장은 드라마틱하다. 가구 회사에 다니면서 로맨틱 코미디 연극 극본을 쓰던 김은숙 작가. 재능은 어디에서도 빛을 발하는지 그가 무명 시절에 쓴 연극을 즐겨 보던 한 제작사 대표가 드라마 일을 하게 되면서 김은숙 작가에게 집필을 제안했다. 그가 처음 드라마 원고료로 받은 금액은 월급 70만 원. 그러다 <파리의 연인>의 시청률이 무려 57.6%까지 오르면서 원고료가 회당 3,000만 원으로 급등했다. 지금은 얼마일까? 또 다른 흥행작이 회당 1억 원가량이었다고 하니 지금은 1억 원을 훨씬 상회할 것이다.

김은희 작가는 2010년부터 2021년까지 원고료로만 최소 93억 6,000만 원의 수익을 번 것으로 알려졌다. 연봉으로 따지면 7억 8,000만 원이다. 남편인 장항준 감독은 과거 한 방송에서 "아내의 수입이 본인의 몇 배냐?"라는 질문에 "나보다 두 배 넘은 것은 좀 오래됐다. 내가 술값을 낸다면, 김은희 작가는 매일 골든벨을 칠 수 있을 정도"라며 언급한 바 있다.

　<왔다 장보리>, <내 딸 금사월>, <펜트하우스> 등을 잇따라 성공시킨 김순옥 작가는 <내 딸 금사월> 당시에 이미 회당 5,000만 원의 고료를 받았다. 이 외에도 <너의 목소리가 들려>의 박혜련 작가, <킬미 힐미>의 진수완 작가, <낭만닥터 김사부>의 강은경 작가 등 히트작 한 편 이상을 낸 작가들은 회당 집필료가 5,000만 원 안팎인 것으로 알려졌다.

　본방 원고료뿐만 아니라 재방료 등 기타 콘텐츠 IP 수익까지 따지면 수익은 천문학적으로 늘어난다. 돈이 돈을 부르는 것이 아니라, 콘텐츠가 돌고 돌며 돈을 불러오는 격이다.

　배우들의 고액 개런티에 비난의 목소리를 내는 이들은 많다. 그러나 유명 드라마 작가들이 받는 높은 원고료에 무어라 말하는 사람은 없다. '드라마는 작가 놀이'라는 말이 있다. 작가의 역량이 흥행성과 작품성에 결정적인 영향을 주고 드라마를 생산해내는 과정에서 대체할 수 없는 인력들이기 때문에 그들의 재능과 노고를 인정하는 것이다. 좋은 작가 한 명만 잡으면 방송사 편성을 따내는 경쟁에서 우위를 차지할 수 있고, 배우들이 작가의 네임 밸류에 따라 출연을 자청하기 때문에 섭외도 쉽다. 일부 작가들의 작품은 출연만 하면 글로벌 한류 스타가 된다는 공식이 있으니 말이다.

모두의 마음을 기꺼이 움직이게 하는 것, 이것이 작가가 만들어낸 콘텐츠의 힘이다.

전문가들은 향후 작가들의 입지가 더욱 공고해질 것으로 예상한다. 좋은 아이디어로 무장한 콘텐츠를 생산할 수 있는 사람은 한정돼 있기 때문이다. 게다가 데뷔할 통로도 많다. 과거에는 지상파 방송 3사가 진행하는 공모전이 전부였지만 이제는 케이블, 종편, 각종 OTT로 기회의 문이 열렸다. 하다못해 웹소설로 작품을 써도 돈이 되고 또 드라마화가 되는 기회가 생길 수 있다.

버티면 대기업 수익 못지않은 프리랜서 방송 작가의 세계

방송 콘텐츠 생산자라면 이들을 논하지 않을 수 없다. 바로 방송 작가들이다. TV에 나오는 모든 프로그램, 이제는 유튜브 채널까지 확장됐지만 현존하는 모든 콘텐츠에는 작가가 필요하다. 심지어 실제 상황이라고 하는 각종 리얼리티 프로그램을 찍을 때에도 기본적인 틀과 촬영 방향성을 담아낸 대본은 존재하기 마련이다.

방송 콘텐츠를 만들기 위해 절대적으로 필요한 작가들의 급여는 어느 정도 수준일까? 방송사 본사에서 제작하는 예능 프로그램에 속한 막내 작가는 회당 40만 원 정도를 받지만, 외주 제작사 소속 막내 작가는 이보다 더 낮은 급여를 받는다. 한 작가는 "프로그램 회당이 아니라 겨우 최저시급을 맞춰서 주는 경우도 있다"라고 현실의 가혹함을 토로한다.

그렇다면 왜 다들 방송 작가를 하려는 것일까? 방송에 대한 타고난 애정도 한몫하겠지만, 버티고 자리를 잡으면 일거리가 꾸준히 들어오는 프리랜서 직업이기 때문이다. 방송 작가는 연차가 쌓일수록 수입이 크게 뛴다. 통상 15년 차 메인 작가가 되면 회당 150만 원 인팎의 고료를 받는다. 실력이 좋아 PD가 선호하는 작가가 되면 회당 200만 원까지 받을 수 있다. 한 달을 4주로 계산하면 600만~800만 원이다.

게다가 메인 작가의 경우 소위 '더블'로 프로그램을 맡아 뛰는 경우가 적지 않다. 주로 기획 단계에서 큰 줄기를 잡아주는 역할을 하기 때문에 두세 작품의 메인 작가를 겸할 때도 있다. 이런 경우 월수입은 2,000만 원 안팎으로 껑충 뛴다. 게다가 드라마는 보통 16~20부작인 반면, 장수 예능의 수명은 3년에서 5년까지도 진행되기 때문에 일의 강도를 떠나 예능 작가의 벌이가 결코 드라마 작가보다 적다고 볼 수 없다. 게다가 일을 하면 할수록 방송가 인맥이 늘고, 실력을 인정받으면 유명 PD나 예능인의 사단이 되어 안정적인 수입을 창출할 수도 있다.

방송 작가는 어떻게 되는 것일까? 일단 서브 작가와 서열 세 번째, 네 번째 작가들은 직접 대본을 쓴다. 메인 작가가 PD, CP(책임 프로듀서) 등과 회의해 전체 틀을 잡으면 막내 작가가 조사한 자료를 참고해 중간급 작가들이 대본을 완성하는 것이다. 그런 과정을 거친 대본은 메인 작가와 PD의 컨펌을 받아 완성된다. PD가 자기 이름을 내걸고 프로그램을 처음 만들어내는 것을 '입봉'이라고 한다. 작가 또한 자료를 조사하고 메인 작가를 보조하는 단계를 지나 직접 자신의 기획과 스토리로 작품이 제작되는 시점을 입봉이라 본다. 작가는 이런 프로그램 입봉까지 가는 데 최소 3년이 걸린다. 그사이 최초 기획은 수없이 엎어지고, 계약하고 몇 년이 흐른 후에 방송 제작이 중단되는 경우도 있지만, 역으로 기획안이 6개월 만에 급속도로 영상화되어 방송되는 경우도 있는 천차만별 경우의 수를 갖고 있다.

　물론 그림자도 존재한다. 방송 작가는 대부분 방송사 직접 고용이 아니라 외주업체를 통한 간접 고용 형태로 고용이 이뤄진다. 그러다 보니 불합리한 상황에서 보호받지 못하는 경우가 있다. 예를 들어 편성이나 다른 이유로 열심히 만든 프로그램이 방송을 타지 못하고 그대로 주저앉는 경우가 일어나기도 하는데, 이런 경우 월급을 받지 못하는 사례도 있다. 이는 드라마나 영화 각본가에게도 해당되는 문제다. 영화 역시 여러 사정으로 제작이 무산되는 경우 작가가 원고료를 받지 못하기도 한다. 프리랜서의 맹점이랄까? 그래서 일부 작가들이 4대 보험과 퇴직금 등 복지를 개선해달라고 목소리를 높이고 있기도 하다.

미국 콘텐츠 수익은 '조 단위' 〈프렌즈〉, 〈심슨〉, 〈스펀지밥〉, 〈타이타닉〉

억 소리 나는 국내 이야기를 했다면 이제 '조' 소리 나는 천조국 미국 이야기를 해보겠다. 콘텐츠는 영원하다는 것을 보여주는 대표적인 미국 시리즈물이 바로 〈프렌즈〉다. 세월이 흐른 지금까지도 꾸준히 인기 있는 미국 드라마 〈프렌즈〉의 출연 배우들이 재방송, DVD 출시, 스트리밍 서비스의 '로열티'만으로 요즘도 어마어마한 금액을 벌어들인다는 것은 익히 알려진 사실이다.

미국 매체 〈GOBankingRates(고뱅킹레이츠)〉에 따르면 1994년부터 2004년까지 시즌10을 방송해온 〈프렌즈〉의 주요 배역 배우들인 제니퍼 애니스톤, 매튜 페리, 맷 르블랑, 커트니 콕스, 데이빗 쉼머, 리사 쿠드로는 워너브라더스로부터 지금도 로열티를 받고 있다고 한다. 2015년 〈USA 투데이〉는 워너브라더스가 〈프렌즈〉로 연간 10억 달러(한화 약 1조 2,000억 원)를 벌고 있다고 보도했다. 이 금액 중 2%(한화 24억 원) 분량이 각각 배우들에게 돌아가고 있다고 한다. 앉아서 매년 24억 원을 받고 있으니 역시 규모가 다른 미국이다.

미드 <프렌즈>의 주요 배역들은 여전히 재방료 수익을 얻고 있다.

출처: <프렌즈> 공식 트위터

　여타의 글로벌 스테디 인기 작품들은 어떨까? 60년이 넘은 지금도 CBS 온라인이나 홀마크 채널에서 볼 수 있는 1957년 시트콤 <아이 러브 루시 (I Love Lucy, 왈가닥 루시)>는 여전히 방송국에 로열티를 가져다주는 효자 작품이다. <로스앤젤레스타임스>는 전 CBS 최고 경영자인 레슬리 문베스 (Leslie Moonves)가 은행가들의 모임에서 "나는 루시를 정말 사랑한다" 라며 "'루시'는 매년 2,000만 달러(한화 244억 원)를 벌어들이고 있다"라고 밝힌 일화를 소개한 비 있다. <아이 러브 루시>에서 루시를 연기한 루실 볼은 1989년에 사망했는데, 니콜 키드먼이 루실 볼의 생애를 연기한 영화 <리카 르도 가족으로 산다는 것>이 공개되기도 했다.

로열티 수입은 인기 애니메이션에도 해당된다. 1989년 이래 현재 시즌33이 방송되고 있는 장수 애니메이션 <심슨 가족(The Simpsons)>은 뮤직비디오, 만화책, 영화, 비디오 게임, 웹 콘텐츠, 장편 애니메이션, 놀이기구, 단편 등으로 매년 10억 달러(한화 약 1조 2,000억 원) 매출을 올리고 있다.

<심슨 가족>의 시작은 1987년 코미디언 트레이시 울먼(Tracy Ullman) 쇼를 위해 만들어진 짧은 영상이었다. 그러나 <심슨 가족>이 대히트를 치면서 기획자 울먼은 30년이 지난 지금까지 로열티를 받고 있다. 정확한 액수는 알려지지 않았고, 그가 1992년 심슨의 상품화 수수료를 요구하는 소송을 내기도 했지만 패소했다.

애니메이션 <스폰지밥>도 <심슨 가족> 못지않은 장수 시리즈다. 미국 광고 전문 매체 <애드에이지(AdAge)>에 따르면 <스폰지밥> 캐릭터는 전 세계 700개 이상의 기업과 라이선스 파트너 계약을 맺고 있으며, 케이블 채널 니켈로디온과 MTV네트워크에서 연간 80억 달러(한화 9조 7,000억 원)를 벌고 있다고 한다.

1998년 개봉한 영화 <타이타닉>은 최초로 10억 달러 수익을 돌파한 영화이자, 재상영 수익까지 합하면 <아바타>, <어벤져스: 엔드게임>에 이어 전 세계 박스오피스 3위 자리를 지키고 있는 영화다. 주연을 맡았던 레오나

르도 디카프리오와 케이트 윈슬렛은 일약 스타덤에 올랐고, 영화에 출연한 다른 조연들도 떼돈을 벌었다. <타이타닉>의 출연료는 지금도 지급되고 있다. 주연 배우들은 물론, 타이타닉의 3등석에 있던 아일랜드 가정의 소년 역을 맡았던 리스 톰프슨까지 말이다. 그는 당시 다섯 살에 이름도 제대로 없는 단역이었지만 지금도 출연료를 받고 있는 것으로 알려졌다. 리스 톰프슨이 촬영 당시 받은 출연료는 약 3만 달러, 한화로 3,000만 원가량이었다. 아역 배우였던 리스 톰프슨이 별생각 없이 출연한 영화가 세계 최고의 흥행작 중 하나가 되면서 25년이 지난 지금까지도 매년 꾸준히 출연료가 지급되고 있는 것이다. 그저 영화에 이름을 올렸다는 것만으로 그는 연금복권에 당첨된 수준의 수입을 올리게 되었다.

〈슬램덩크〉가 26년 만에 다시 콘텐주로 돌아왔다

만화 편집 기자를 꿈꾸게 된 것은 8할쯤 고교 시절 읽었던 만화 〈슬램덩크〉 때문이었다. 그 시절 만화 기자로 함께 입사한 동기들 모두 〈슬램덩크〉가 입사 계기에 지대한 영향을 미쳤을 정도로 〈슬램덩크〉는 90년대 중후반 대학 농구 열풍과 겹쳐 큰 사랑을 받았다.

〈슬램덩크〉는 스포츠 만화를 좋아하는 남성층뿐만 아니라 여성층도 끌어들였다. 만화에 등장하는 전국 고교 팀에 각양각색의 미남 선수들이 등장했기 때문이다. 그래서 〈슬램덩크〉는 일명 '덕후 돌잡이 만화'라고 불린다. 〈슬램덩크〉에서 '최애'로 뽑은 캐릭터 취향이 커서도 그대로 이어진다는 뜻이다. 예를 들어 서태웅이나 김수겸을 좋아했다면 그는 영원한 '얼빠'로 얼굴만 보는 취향의 덕후가 되며, 정대만 같은 서사 깊은 캐릭터를 고르면 어딘가 어두운 비운의 남성에 대한 호감이 계속 이어진다. 권준호(안경 선배)를 좋아했던 청소년이라면 커서도 안경 쓴 스마트계 남자를 영원히 좋아할 수밖에 없는 운명의 덕후가 된다.

남녀노소 모두가 즐겨 봤던 만화 〈슬램덩크〉가 무려 26년 만에 애니메이션 영화로 돌아왔다. 〈더 퍼스트 슬램덩크〉다. 중년의 덕후들이 영화관에 모여들며 N차 관람을 시작했다. 국내 개봉 2주 만에 100만 관객을 동원할 정도의 열기였다. "보고 있어도 또 보고 싶다"라는 한 누리꾼의 후기가 너무나 공감이 되는 지점이다.

영화 <더 퍼스트 슬램덩크>는 원작 만화가 이노우에 다케히코가 감독까지 맡았다. 그는 영악했다. 첫 장면에서 이미 덕후들의 심금을 울린 것이다. 북산고 5인방, 그들이 한 명씩 만화 작화 스케치로 등장한다. 마치 만화책 속에서 현실로 걸어 나오는 듯한 연출은 덕후들로 하여금 눈물을 흘릴 수밖에 없게 했다. 그들은 감성 넘치던 학창 시절 우리와 함께했던 친구 같은 존재이기 때문이다. 중년 덕후들의 눈물은 '청춘이었던 나를 향한 눈물'이었다. '와, 이건 진짜 작가가 <슬램덩크> 과거 녹자들에게 바치는 작품이구나' 하는 생각도 든다. 중년 관객은 울 수밖에 없다.

과거에도 <슬램덩크>는 콘텐주 작품이었다. 일본의 만화 잡지 <주간 소년 점프>는 물론이고 이를 1992년 발 빠르게 수입한 우리나라 출판사 대원씨아이도 더불어 대박이 났다. 만화 출판계에서는 그때 얻은 수익으로 대원이 파주 출판단지 땅을 전부 사고도 남을 정도로 쏠쏠한 재미를 보았다는 풍문까지 돌았다.

극장판을 본 관객들은 자연스럽게 <슬램덩크> 만화에 다시 눈을 돌릴 것이 분명하다. 벌써부터 완전판으로 다시 사고 싶다는 사람이 늘고 있으며 중고 플랫폼에서는 '슬램덩크' 키워드가 들썩거릴 정도다. 대원씨아이 입장에서는 26년 만에 또 한 번 호재가 찾아온 셈이다. 개인적인 궁금함에 만화 업계 사람에게 대원씨아이의 지금 사정을 슬쩍 물어보니 "신나게 인쇄기 돌리고 있다고 한다. 올해 매출 목표는 거의 달성했다고 본다"라는 답이 돌아왔다.

좋은 콘텐츠에는 세월이 묻지 않는다. 10년이 지나고 20년이 지나도 언제고 다시 고개를 들어 따끈한 월세를 가져다줄 수 있는 것. <슬램덩크>가 이미 증명하고 있지 않은가.

'줄리엣' 올리비아 핫세가 6400억 소송하는 이유

　최근 영화 <로미오와 줄리엣>의 올리비아 핫세와 레오나드 위팅이 제작사 파라마운트를 상대로 소송을 하고 있다. 이들이 영화를 촬영한 10대 시절, 촬영 중에 속아 성추행과 아동착취를 당했다며 제작사를 상대로 6,000억 원 대 천문학적 소송을 제기한 것이다.

　복수의 현지 매체에 따르면, 올리비아 핫세와 레오나드 위팅은 성학대와 성희롱, 사기 등을 당했다며 파라마운트픽쳐스를 상대로 5억 달러(약 6,394억 원) 규모의 소송을 제기했다고 한다.

영화 <로미오와 줄리엣>이 50여 년 동안 올린 수익이
6400억 원에 달하는 것으로 알려졌다.

출처: 파라마운트픽쳐스

핫세와 위팅은 미국 캘리포니아주 로스앤젤레스(LA) 카운티 1심법원에 제출한 소장에서 프란코 제피렐리 감독이 출연 제의를 했을 당시 나체 장면 등이 없다고 본인들을 설득해 출연을 결심했지만, 막상 촬영에 들어가자 말이 달라졌다고 밝혔다. 처음에는 침실 장면에서 비치는 속옷을 입게 하더니, 나중에는 "이렇게 하지 않으면 영화가 망한다"라며 강하게 압박했다는 것이다.

제피렐리 감독은 맨몸이 드러나지 않게 카메라 위치를 조정하겠다고 했으나, 영화에는 두 사람의 엉덩이와 가슴이 그대로 노출된 바 있다.

당시 핫세는 15세, 위팅은 16세의 청소년이었다. 이들은 "결국 베드신이 주연 배우들 모르게 나체로 촬영됐으며 이는 성추행과 아동착취에 해당한다" 라고 강조했다. 파라마운트가 청소년의 나체 장면이 담긴 영화를 배급했다는 점도 함께 지적했다.

두 배우의 비즈니스 매니저는 "그들이 들은 내용과 실제 영화에 나온 것은 완전히 달랐다"라면서 "그들은 제피렐리 감독을 믿을 수밖에 없었다. 열여섯 살이라면 자신들이 믿는 사람의 말을 거역할 수 없다. 당시는 미투(MeToo) 운동 같은 것도 없었다"라고 말했다. 이들은 지난 55년간 분노와 우울증에 시달려왔으며 이 일 때문에 많은 취업 기회를 빼앗겼다고 주장했다. 실제로 두 배우는 이 작품을 제외하면 대중의 관심을 끄는 활동이 없었다.

이번 소송은 아동 성범죄의 공소시효를 한시적으로 없앤 캘리포니아 법에 따라 이뤄졌다. 이에 두 사람은 해당 영화가 개봉한 지 무려 55년이 지난 후에야 소송을 시작할 수 있었다. 당시 메가폰을 잡았던 프란코 제피렐리 감독은 2019년 세상을 떠났다. 이들이 소송을 제기한 것은 영화 <로미오와 줄리엣>이 벌어들인, 아니 여전히 벌어들이고 있는 수익이 천문학적이기 때문이기도 하다.

이들의 변호사인 솔로몬 그레슨(Solomon Gresen)은 손해배상금 5억 달러(6,400억 원)가 상징적인 숫자라고 말한다. 그는 "1968년 이후 영화가 벌어들인 금액과 일치하도록 손해배상을 청구했다. 실제 소송에 들어가면 징벌적 손해배상으로 1억 달러를 요구할 수 있다"라고 설명했다. 파라마운트픽쳐스가 영화 <로미오와 줄리엣>을 통해 55년이 지난 지금까지 엄청난 돈을 벌어들인 것이 이번 소송을 통해 그대로 드러난 셈이다.

<로미오와 줄리엣>은 아카데미 시상식에서 최우수 촬영 및 의상 디자인 부문을 수상하고 최우수 작품상 후보에 오르는 등 작품성과 흥행을 모두 잡아낸 영화이기도 하다.

어린 시절 겪은 착취로 인해 자신들은 여전히 정신적 고통을 받고 있는데, 이렇게 만들어진 결과물로 여전히 가해자들은 수익을 얻고 있으니 오랜

시간이 흘러도 로미오와 줄리엣이 한을 품을 만도 하다. 정당한 콘텐주의 권리를 찾길 바랄 뿐이다.

공부 안 하는 말썽꾸러기 딸, 방송가 기웃거리다 건물주가 되었다

멀지도 않은 친척 언니 이야기이다. 그 집은 대대로 의사 집안이었다. 당연히 3남매 모두 의대에 진학할 거라고 예상했는데 어디서 돌연변이 하나가 튀어나왔다. 청소년기 시절부터 가요 프로그램 녹화 현장을 기웃거리면서 공부에는 통 관심이 없는 둘째 딸이었다.

아들인 첫째와 셋째가 착실히 공부하는 동안 둘째 딸은 헛바람이 들어 아이돌만 따라다니고 있으니 부모 가슴에는 천불이 나기 마련. 다그치기도 하고 때로는 때려도 보고 머리를 짧게 깎아 기숙학원에 보내보기도 했지만 공부에 통 관심이 없는 그녀에게는 부용지물 헛수고였다.

그렇게 첫째와 셋째가 어쨌든 무난하게 지거국 의대에 들어가 어엿한 의사가 됐다는 소식을 듣게 됐다. 둘째는? 방송국만 기웃거리던 서당 개 3년 이력으로 가요 프로그램 ENG 카메라를 담당하는 조연출 계약직 자리에 취직 아닌 취직을 했더랬다.

덕분에 나는 친척 언니 '빽'으로 가요 프로그램 리허설 시간에 들어가서 좋아하는 가수도 보고 꽤나 즐거운 시간을 보낸 터였다. 삼촌 내외는? 여전히 계약직 신세로 위태롭게 지내고 있는 딸이 달가울 리 없었다. 그렇게 20년의 세월이 흘렀다.

전세는 역전됐다. 이제 삼촌 내외는 친척 모임에 가면 둘째 딸 이야기밖에 하지 않는다. 둘째 딸이 "차를 사줬네", "아파트를 사줬네" 하고 날 지새우는 줄 모르는 자랑이 이어진다. 의사 아들들도 잘 먹고 잘 살겠지만 부모에게 턱턱 뭉칫돈을 쥐여주는 사람은 말썽쟁이였던 둘째 딸인 것이다.

어떻게 성공했을까? 공부도 못하는 말썽꾸러기였던 딸은 조연출 일이 적성에 맞았는지 꾸준히 예능 조연출 활동을 하다 각종 케이블 채널과 OTT 붐을 타고 예능 전문 콘텐츠 제작사를 차렸다. 채널은 많아지고 콘텐츠를 필요로 하는 수요처의 주문은 물밀듯이 들어오니 그 언니는 그야말로 대박이 나고 말았다. 이제는 유명 예능에 종종 얼굴이나 목소리가 나올 정도로 예능 마니아들이 들으면 알 만한 사람으로 이름을 날리고 있다.

콘텐츠 제작사 건물은 자기 건물이니 어엿한 건물주이기도 하다. 게다가 일에서 성공하니 결혼도 시시해졌는지 혼자 고급 주상복합 아파트에서 솔로 생활을 즐기고 있다.

그야말로 콘텐츠 하나로 건물주가 된 것이다. 삶의 질은 또 얼마나 높을까. 물론 노동 강도가 어떨지 해보지 않은 사람은 모르겠지만 아픈 사람 앓는 소리만 듣고 지내는 의사보다는 젊은 연예인이나 스태프들과 에너지를 나누며 즐겁게 일하는 언니가 훨씬 부러운 인생이란 생각이 절로 든다.

'의사보다 콘텐주'. 이 친척 언니의 개인 사례를 옆에서 지켜보면서도 절실히 느끼게 된 한마디다.

인스타 팔이피플, 무시하면 안 되죠

"요 아이는요, 제가 혼자 쓰기 아까워 사장님께 물량 오픈해달라고 사정해서 쟁인 것들이에요. 가격 문의는 DM 주세요."

다양한 물건을 숨 쉬듯이 판매하는 이들을 비하하는 표현으로 '인스타그램 팔이피플'이 있다. 이들에게 반감을 갖는 사람도 많다. 세금 관계 등 불투명한 자금 운영, 검증되지 않은 제품(특히 효소), 중국제 상품에 로고만 새로 붙여 아무 데서나 구할 수 없는 고급 '수입품'으로 둔갑시킨 뒤 고가에 판매한 이력 등으로 인해 원성이 자자하다. 신랄하게 사회 현상을 꼬집는 코미디 프로그램에서도 팔이피플은 자주 활용되는 소재다.

한 번 더 발상을 전환하면 그들이 새로 생긴 직업군은 아니다. 우리 엄마, 할머니 세대 때에도 입소문을 통해 장사를 하는 장사꾼은 어디에나 있었다.

"제천댁이 만든 효소를 아침마다 공복에 먹으면 그렇게 소화가 잘된다네."

"그래? 그럼 나도 한 병 구할 수 있을까?"

아는 아주머니들에게 말을 듣고 솔깃해서 사 오는 물건들도 결국 팔이피플에게 혹해서 사는 것과 무엇이 다를까? 시대 흐름에 따라 플랫폼만 온라인으로 바뀌었을 뿐 사람들의 수요와 공급은 예전과 같은 셈이다.

예쁜 사람들이 고급 옷을 입고 고급스러운 레스토랑에서 일상을 보내는 것을 부러워하고, 그들이 사용하는 멋진 무언가를 탐내는 것이 그리 잘못일까. 인간의 본심은 언제나 타인의 것을 탐내는 법이다. 예쁜 사람이 예쁘게 사진을 찍었으니 한번 사보고 싶은 것도 인지상정일 테다.

　이제는 연예인의 멘트보다 이런 팔이피플이라고 칭하는 인플루언서의 한마디가 고객들에게 더 설득력을 갖는 시대다. 인플루언서가 등장한 정확한 시기는 개인 SNS가 자리를 잡기 시작한 시기인 2010년부터로 보인다. 그러다 '1인 미디어'라는 단어가 본격적으로 언급되면서 자연스럽게 사람들이 주목하는 인플루언서가 탄생하기 시작했다.

미디어 환경의 변화가 유통과 마케팅 산업의 지각변동으로 이어지고 있다.
여기서 탄생한 것이 소비자 팬덤을 갖춘 인플루언서다.

출처: Pexels

이런저런 비판 요소를 떼놓고 보면 그들이 탁월한 장사꾼이란 점을 의심할 사람들은 없다. 자신을 추종하고 믿고 사는 세력, 수만 명의 팔로워를 만들었다는 점에서 그 능력을 인정하지 않을 수 없는 것이다. 그들은 사진도 그냥 찍지 않는다. 최대한 제품의 장점을 멋지게 살려서 찍거나 온갖 미사여구를 동원해 보는 이를 혹하게 만든다. 이것만 해도 무시할 수 없는 그들만의 콘텐츠 생산력과 마케팅 능력이다.

인플루언서들이 다루는 콘텐츠는 그 종류도 다양하다. 보통 자신이 쓰는 제품이라며 리뷰 방송을 기본으로 하고 있지만 그 외에도 먹방, 쿡방, 게임방, 뷰티방, 육아방, 살림방 등 각자의 관심 분야에 따라 콘텐츠 주제를 설정한다. 그 설정을 변경하거나 여러 주제를 다루는 것도 쉽다. 그만큼 누구나 도전할 수 있다는 뜻이다. 라이프스타일 콘텐츠가 대부분을 차지하는 만큼 새로운 도전을 즐기고 나름대로 살림 노하우를 갖춘 주부들에게 새로운 기회가 되기도 한다.

여기에 인기를 끌면 한 달 수입이 억 단위를 넘어서면서 '개천에서 인플루언서 난다'는 말까지 나온다.

유통업계는 발 빠르게 유명 인플루언서의 가치를 깨닫고 그들을 활용한 홍보 마케팅을 펼쳐왔다. 마케팅 분석회사 하이프오디터가 발행한 보고서에서는 전 세계 인플루언서 마케팅 시장 규모가 150억 달러(약 16조 7,820억 원) 이상으로 성장할 것으로 내다보고 있다. 또한 이베스트투자증권 리서치 센터가 발표한 자료에 따르면 국내 라이브 커머스 시장 규모는 2022년 6조 원, 2023년 8조 원으로 매년 두 자릿수 성장세가 예상된다.

콘텐주 건물주 안 부럽다!

많은 인플루언서들이 톱 배우들만 될 수 있었던 기업의 얼굴이 되면서 연예인 못지않은 영향력을 행사하고 있다. 자연스럽게 연예인을 발굴하고 육성하는 연예 기획사에서도 유명 인플루언서 모시기에 힘을 쏟는 중이다. 수십 곳의 인플루언서 전문 소속사가 생겨나기 시작했고 인플루언서를 직접 매니지먼트해 만들어내는 회사도 나타났다. 많은 논란이 있었지만 유튜버 '프리지아' 역시 마케팅으로 만들어낸 인플루언서다. 그를 둘러싼 논란들은 오랜 시간을 두고 자생적으로 만들어진 인플루언서가 아니다 보니 생긴 논란이기도 하다.

인플루언서와 기업의 만남은 영향력 확대라는 시너지를 가져옴과 동시에, 온라인 마켓 시장의 지각 변동을 일으키기도 했다. 기존 온라인 소비는 쿠팡, G마켓 등 온라인 플랫폼이나 개인 쇼핑몰 등을 통한 B2C(업체와 소비자 간 거래) 소비 형태가 절대 다수였다. 하지만 최근에는 인플루언서들이 공구 등을 통해 주도적으로 제품을 소개하고 판매하는 C2C(소비자와 소비자 간 거래) 소비를 이끌고 있다.

서울시 전자상거래센터의 2020 SNS 이용 실태조사에 따르면, 조사에 참여한 4,000명 중 90%(3,636명)가 SNS를 이용하고 있으며 그중 50%가 공구와 같은 SNS 마켓을 통해 쇼핑을 한다고 한다. 소비자들은 저렴한 가격에 제품을 구매할 수 있을 뿐만 아니라 유명인의 사용 후기를 통해 검증된 제품을 살 수 있다는 점을 SNS 거래의 장점으로 꼽았다. 이에 팔이

피플로 시작된 온라인 마케팅과 판매 시장의 변화는 앞으로도 계속 이어질

것으로 보인다.

화장품 좋아하던 아들, 100만 유튜버 되다

메이크업하는 남자, 뷰티 크리에이터 레오제이는 틈새 콘텐츠를 정확하게 저격해 성공했다. 그가 운영하는 채널의 인기는 레거시 매체의 뷰티 프로그램보다 더 큰 영향력을 갖는다. 유튜브·인스타그램 빅데이터 분석 사이트 IMR(Influencer Multi-platform Ranking)에 따르면 레오제이는 2023년 1월 첫째 주 남자 뷰티 유튜브 채널 전체 1위에 선정됐다고 한다. 호감 가는 외모, 유쾌한 입담, 제품 추천 능력, 센스 있는 메이크업 등 그에게는 MZ세대 여성들이 매력적이라고 느끼는 요소가 가득하다. 셀럽이나 연예인들이 그에게 먼저 협업을 제안하고 나설 정도다.

레오제이의 '본체'는 서울시립대학교 철학과 출신의 서른 살 정상규 씨다. 그는 메이크업을 배우던 시절에 만든 작업물을 페이스북에 올리기 시작했고, 2015년 레페리로부터 페이스북 메시지를 통해 크리에이터 활동 제안을 받았다고 한다. 이후 레페리가 주관하는 '크리에이터 육성 프로그램'에 참여해 본격적인 콘텐츠 제작과 편집을 배우기 시작했다. 그렇게 완성한 첫 번째 영상이 대박이 났다. 그도 그럴 것이, 당시 뷰티 크리에이터 시장에는 남성 크리에이터가 전무했기 때문이다. 남성뿐만 아니라 전문성을 가진 뷰티 크리에이터도 흔치 않던 시절이었다. 결국 빨리 시작한 그가 선점

효과를 톡톡히 누린 것이다.

그는 유튜브 수익만이 전부가 아니라고 말한다. 이미 인플루언서가 된 그는 마켓을 연다든지 메이크업 행사나 강의에 참여한다든지, 코스메틱 브랜드와 협업해 제품을 만들며 다양한 수익의 기회를 누리고 있다.

뷰티 크리에이터 레오제이. 그는 국내뿐 아니라
글로벌 시장도 내다보고 있는 콘텐주다.

출처: 레오제이 유튜브

<여성동아>와 나눈 인터뷰에 따르면 그가 메이크업에 관심을 갖기 시작한 시기는 중학생 때부터다. 뷰디 크리에이터의 싹이 보였던 것이다. 다른 남자 아이들이 운동이나 게임에 열중할 때 그는 중학생 시절부터 화장품을 모아

이것저것 섞어보는 것에 흥미를 가졌다. 메이크업에 대한 관심은 군대 시절에도 이어져 메이크업 박스를 들고 군 입대를 했다니 정말 천직임에 틀림없다.

부모님은 어땠을까? 아버지는 남다른 아들을 두고 "인서울만 하면 하고 싶은 걸 시켜주겠다"라는 엄포 아닌 엄포를 놨다. 그는 하고 싶은 일을 하기 위해 공부에 열중했고 결국 인서울에 성공했다. 부모님과의 딜을 성사시킨 그는 결국 메이크업 자격증을 따내면서 자신의 길을 묵묵히 걷게 됐다. 최근에는 레오제이의 채널을 보고 메이크업 아티스트나 뷰티 유튜버가 되고 싶다고 하는 남자들도 종종 볼 수 있다. 그는 "많은 걸 경험할 수 있도록 빨리 포기하라"라고 조언한다. 좋아하는 다양한 것에 도전하고 빨리 실패하고 또 새로운 열정을 불태우라는 뜻이다.

레오제이는 뭔가를 시도했다가 그만두고 또 새로운 걸 찾고 흥미를 붙이는 과정을 여러 번 경험했지만, 그중에서도 메이크업은 포기가 안 됐다고 한다. 어렸을 때부터 사 모은 화장품만 봐도 얼마나 이 일을 사랑하는지, 이 일을 하면서 얼마나 기뻐하는지 느껴진다. 그는 "돈을 많이 못 벌어도 행복한 느낌" 그것만 기억한다면 누구나 자신처럼 될 수 있다고 말한다. 그는 이제 글로벌 시장을 눈앞에 두고 있다. 자신만의 브랜드를 론칭해 활동 영역을 넓히는 것이 꿈이다.

콘텐주가 되기 위해 새로운 콘텐츠를 발굴할 필요는 없다. 레오제이의 말처럼 내가 좋아하는 것, 내가 잘할 수 있는 것 또는 평생 몰두할 수 있는 내 안의 무언가를 발견하는 것만으로도 충분하다. 다시 말하지만 콘텐츠는 특별한 것이 아니다.

〈진품명품〉 잘렸지만 전화위복이 됐다

콘텐츠는 특별한 전문가의 영역이 아니다. 누구에게나 살아온 시간만큼 나만의 콘텐츠가 있다. 한평생 전문 직업이나 정당한 노동력이라고 세간에 평가받지 못했던 일이라도 그 안에는 알토란 같은 콘텐츠가 있기 마련이다. 멸치볶음을 할 때에는 먼저 멸치를 프라이팬에 볶아 수분을 날려야만 비린 맛이 사라진다는, 주부들에게는 너무나 당연한 요리법도 살림 노하우 콘텐츠로 각광받을 수 있는 시대다. 게다가 나이가 많다고 그의 콘텐츠가 고루하게 느껴지거나 낡아지는 것도 아니다. 나이에 상관없이 자신만이 쌓아온 인생 콘텐츠로 수익 창출을 할 수 있다.

일평생 고미술품만 만지던 감정사가 콘텐츠 생산자가 될 거라고는 그 자신조차 꿈에도 생각하지 못했다. 바로 이상문 고미술품 감정위원이다. 그는 '이상문TV'라는 고미술품 감정 채널 운영자로 8만 유튜버를 보유하고 있다. 고미술품 콘텐츠를 가지고 유튜브에 진출할 생각을 했던 건 바로 그가 출연하던 KBS 〈TV쇼 진품명품〉의 감정위원에서 '잘린' 때부터다.

이상문 감정위원은 개인 유튜브 방송에서 '고미술품' 콘텐츠를 선점해 활약하고 있다.

출처: 이상문TV 유튜브

이상문 감정위원의 말에 따르면 그는 반기문 전 UN 총장의 동네 친구이자 중학교 동창이다. 어른이 되어서도 여전히 친하게 우정을 나누며 교류하고 있는 와중에 반기문 총장의 대선 출마 이야기가 세간을 떠들썩하게 했다. 동네 친구로서 '반사모' 활동으로 힘을 실어주려 했는데 이것이 방송 출연에 제동을 걸고 말았다. '정치 활동을 하는 사람은 출연할 수 없다'는 출연 조항에 걸린 것이다.

허망했다. 그는 23년 동안 일주일에 한 번씩 <진품명품>에 출연해왔다. <진품명품>이 삶의 절반을 차지한다 해도 과언이 아닌 시간이었다. 그러다 "방송국에서 날 거부한다면, 내가 방송국을 차리면 그만!"이라는 생각에 유튜브로 고개를 돌렸다. 반응은 상당했다.

이상문 감정위원은 콘텐츠만 확실하다면 유튜브 시청 수요는 어떻게든 생겨난다는 것을 깨닫게 됐다. 그는 채널을 운영하면서 유명 콘텐츠 제작사에서 채널과 기획을 사겠다는 다수의 의뢰도 받았다. 그러나 지금보다 높은 수익을 보장한다 하더라도 자유롭게 채널을 운영할 수 있는 자율권이 보장되는 지금이 좋아 모든 제안을 거절했다.

그는 매달 수백만 원씩 입금되는 유튜브 수익으로 노후 생활이 보장돼 있다. 방송 출연을 중단당했던 시름은 사라진 지 오래다. 경제적인 실리만 따져도 20여 년 동안 1회 50만 원이라는 절대 오르지 않는 고정된 방송 출연료보다 지금의 수익이 훨씬 더 크기 때문이다.

유튜브 광고 수익만 나오는 것이 아니다. 그는 한 걸음 더 나아가 유튜브로 고미술품 경매도 진행하고 있다. 특별한 프로그램이나 기술이 필요한 것이 아니다.

고미술품 하나를 두고 설명을 곁들이는 정보 콘텐츠를 만들고, 물건에 관심을 가진 사람들에게 며칠 몇 시까지 가격을 제시해달라고 하면 끝이다. 정확한 시간에 가장 높은 가격을 제시한 사람이 낙찰을 받는다. 인사동에서 특정 마니아층만을 고객으로 상대하던 그는 유튜브를 만나 불특정 다수의 고객들에게 고미술품을 소개할 수 있는 활로까지 생겼다. 이것이야말로 전화위복이 아니겠는가.

중장년층의 유튜브 시청 유입이 급격히 증가하면서 유일무이한 고미술품 채널인 '이상문TV'는 큰 주목을 받았다. 중장년층의 유튜브 유입이 늘고 있는 상황은 방송통신위원회가 발표한 자료에서도 확연히 드러난다. 방송통신위원회는 2022년 6월부터 8월까지 전국 4,287가구에 거주하는 만 13세 이상 남녀 6,708명에게 방문 면접을 통해 실시한 '2022 방송매체 이용행태 조사' 결과를 발표했다.

방통위 방송매체 이용행태 조사에 따르면 국내 10명 중 7명은 온라인 동영상 서비스를 이용하고 있는 것으로 나타났다. OTT 이용자 10명 중 6명은 주 5일 이상 시청하고, 가장 많이 이용하는 OTT는 유튜브로 조사됐다. 연령대로 보면 20대가 가장 많았지만 최근 중장년층의 이용률도 빠르게 증가하고 있는 것으로 나타났다.

연령대별로는 20대 OTT 이용률이 95.9%로 가장 높았다. 40대와 50대, 60대의 경우 이용률 자체는 낮았지만 이용하는 사람이 가파르게 늘고 있는 것으로 조사됐다. 40대 이용률은 2021년 77.9%에서 2022년 85.9%로, 50대는 68.6%에서 70.2%로, 60대는 44.4%에서 54.4%로 증가했다.

그런데 유튜브에는 중장년층이 소비할 만한 콘텐츠가 젊은이들을 위한 콘텐츠에 비해 현저히 부족하다. 유튜브 자체는 선점 효과로 인해 레드오션이라고 불린 지 오래지만 콘텐츠의 편중이 심한 것은 사실이다. 구글이 박막례 할머니 같은 실버 유튜버에 주목하는 이유가 여기에 있다. '이상문 TV'처럼 중장년층이 소비할 만한 콘텐츠는 아직 늦지 않았다는 말이다. 소비 연령대가 다양해지는 한 낡고 고루한 콘텐츠는 없다.

코미디 프로의 멸망, 그러나 코미디 콘텐츠는 죽지 않았다

코미디 프로그램은 KBS <개그콘서트>를 마지막으로 지상파 방송에서 자취를 감췄다. 하지만 코미디 프로그램이 사라진 것이지 코미디 콘텐츠는 죽지 않았다. 현재 코미디 프로그램은 새로운 플랫폼인 유튜브를 타고 새로운 날갯짓으로 비상 중이다.

SBS 코미디 프로그램 <웃찾사>에서 비롯된 코너 '흔한 남매'의 코미디언 한으뜸과 장다운은 <웃찾사>가 폐지되자 유튜브로 빠르게 건너가 초등학생들의 마음을 사로잡았다. 지금은 약 246만 명의 구독자를 보유한 코미디계 대표 콘텐주들이다.

KBS 공채 출신 코미디언 강유미의 유튜브 채널 '좋아서 하는 채널'의 구독자는 115만 명이 넘는다. 연간 수익은 3억 원 이상일 것으로 추정된다. 방송사 공채 출신인 이용주·정재형·김민수가 운영하는 '피식대학'은 178만 명의 구독자를 보유하고 있다. 이들의 성공 비결로는 '하이퍼리얼리즘(극사실주의)'이 꼽힌다. 방송사 스튜디오처럼 제한적인 무대, 인위적인 상황 설정과 연기 대신 무한대로 넓고 다양함이 가득한 무대에서 극도로 세밀한 인물 연기를 펼친다. 새로운 문화 현상으로 자리 잡은 '맞춤형 코미디' 덕분이다. 유튜브 속 코미디는 모두를 만족시키지 않아도 된다. 일부 시청자들의 '고나리'가 사라지니 소재 선택이나 표현 방식에서도 자유로워졌다.

TV와 유튜브의 시청층은 극단적으로 세대 구분이 진행됐다. 이제 젊은 사람들은 TV보다 취향 저격과 알고리즘 큐레이션이 있는 유튜브를 더 선호한다. 콘텐츠의 개인화다. 유튜브에서는 TV와 달리 각각의 취향과 웃음코드를 겨냥한 맞춤형 개그가 맞춤형 웃음으로 이어질 수 있다. 게임 관련 코미디를 하는 조충현, 유창한 스페인어 실력으로 외국 관련 코미디를 진행하는 김병선 그리고 리얼한 '한본어(한국어+일본어)'로 혜성같이 나타난 다나카 상 김경욱 등도 폭발적인 인기를 끄는 중이다. 이들 코미디 크리에이터들은 지상파 코미디의 몰락으로 일자리를 잃고 적지 않은 경제적 어려움 겪었다. 그런 이들이 기사회생했다.

'한본어'의 달인 다나카 상의 '본체'는 코미디언 김경욱이다.

출처: 나몰라패밀리 핫쇼 유튜브

반대로 유튜브 인기에 힘입어 TV로 '재진출'하는 사례도 늘었다. 피식대학의 김민수와 김해준은 인기 예능 프로그램 <유 퀴즈 온 더 블럭>에 출연했고 개그우먼 이은지도 MBC 예능 <놀면 뭐하니>에 등장해 유재석과 어깨를 나란히 했다. '지명을 받지 못한 옛날 일본 호스트'라는 콘셉트로 인기 급상승을 누리고 있는 다나카 상은 톱스타들과의 협업이 끊임없이 이어지고 있다.

03.

음원 콘텐츠로 콘텐주
그리고 건물주

음원 원조 콘텐주는 주영훈

엄정화, 터보, 김종국, 코요태, 포지션, 임상아 등 1990년대에는 주영훈 작곡가의 노래를 주로 받아 히트시킨 톱 가수들이 즐비했다. 한마디로 90년대 가요사에서 절대 빼놓을 수 없는 작곡가가 바로 주영훈이다. 원조 콘텐주로서 그의 음원 수익률을 논하지 않을 수가 없다. 30년이 훌쩍 지난 지금도 주영훈이나 아내인 배우 이윤미가 예능 프로그램에 등장하면 일단 '저작권 이야기'부터 자연스럽게 언급될 정도로 대중은 그의 저작권 수익을 궁금해한다.

주영훈이 밝히기로 그의 저작권협회 등록 곡 수는 모두 446곡이다. 음원 저작권료는 당사자가 사망해도 70년간 수익이 지급된다. 음원뿐 아니라 사진, 영상, 글 등 저작재산권의 보호 기간은 저작자가 생존한 기간 그리고 사망 후 70년간 존속된다. 물론 그때까지 대중이 그가 작업한 노래들을 찾아 듣고 관심을 두어야만 수익이 난다. 의심할 여지가 없을 만큼 가능해 보인다. <무한도전> '토토가'를 비롯해 '타입캡슐 콘서트'라는 이름으로 90년대 노래가 끊임없이 사랑받고 있기 때문이다. 항간에는 주영훈의 저작권료가 수백억 원대라는 추측이 나돌고 있다. 그는 한 예능 방송에 출연해 MC의 저작권료 질문에 "잘난 척하는 것 같고 겸손하지 못한 것 같다. 세무서에서 전화 올까 무섭다”라면서 직접적인 저작권료 공개를 회피하기도 했다.

　다른 작곡가들이 언급한 수입으로 그의 저작권료를 추정할 수는 있겠다. 가수 임영웅의 히트곡 '이제 나만 믿어요'를 작곡한 조영수는 해당 곡 음원 저작권료 하나만으로도 국내 최고 분양가로 언급됐던 모 아파트에 이사 갈 수 있을 정도라고 밝힌 바 있다. 최소 100억 원 이상이라는 말이다. 물론 주영훈의 곡이 대중의 사랑을 받던 시기인 1990년대는 저작권에 대한 개념이 희박한 시기이긴 했다. 음원 사이트 대신 불법 음원 다운로드 사이트가 성행하던 시절이다.

　지금만큼 큰 수익을 올릴 수는 없었겠으나 그가 작곡한 음원이 400곡이 넘는다는 점, 레트로 열풍으로 90년대 음악이 역주행하면서 여전히 음원 사이트, 노래방이나 무대 공연에서 사랑받고 있다는 점을 보면 최소 100억 원 이상은 되리라는 것이 전문가들의 예측이다.

음원 수익만 96억, 이승기가 화난 이유

'국민 연하남' 가수 이승기는 18년간 가수 활동을 해오면서 총 137곡, 27장의 앨범을 발표했다. 그는 데뷔곡 '내 여자라니까'에서 구축한 철부지 연하남 이미지를 드라마 <소문난 칠공주>로 이어가며 라이징 스타로 떠올랐다. 무명시대는 전무했다고 봐도 된다. 이후 '삭제', '착한 거짓말', '하기 힘든 말', '결혼해줄래', '되돌리다' 등 수많은 히트곡을 통해 가수로서 정상의 자리를 유지했다. 배우로도 예능인으로도 쉴 새 없이 18년을 달렸다. 자신을 데뷔시킨 소속사와 의리를 지키며 말이다.

그런 그가 단단히 화났다. '성공한 가수'로 자리매김했음에도 단 한 번도 음원 수익을 정산 받지 못했고 '음원이 약한 가수'라고 그 누군가에게 줄곧 가스라이팅을 당해왔기 때문이다. 그것이 당연한 줄 알았던 와중에, 선배 가수와 음원 관련 대화를 나누며 뭔가 잘못됐다는 것을 오랜 시간이 지나서야 비로소 깨달았다고 한다. 18년간이라는 오랜 시간 의리를 지키며 함께 일한 소속사인 만큼 배신감도 컸을 터다.

연예 매체의 보도에 따르면 이승기의 소속사인 후크는 2009년 10월부터 2022년 9월까지 이승기의 음원으로 수익 96억 원을 냈다. 하지만 후크 측은 음원 정산 자료가 사라졌다면서, 이승기의 히트곡 '삭제'의 음원 수익 및 비용이 기록된 2004년 6월부터 2009년 8월까지 내용이 유실됐다고 주장했다. 그렇다면 2009년 10월부터 2022년 9월까지 음원 매출 96억 원에 유실된 매출까지 더하면 100억 원이 넘을 가능성이 높다.

결국 소속사를 상대로 이승기가 소송을 걸자, 후크는 부랴부랴 보도 자료를 내고 "이승기에게 미지급 정산금 29억 원 상당과 그에 대한 지연 이자 12억 원 상당을 전액 지급했다"라고 밝혔다. 이승기는 의지를 다졌다. 다시는 연예계에 이런 일이 벌어져서는 안 된다는 생각에서다. 그는 "후크를 상대로 소송에 나선 건 밀린 돈 때문이 아니다"라며 "누군가 흘린 땀의 가치가 누군 가의 욕심에 부당하게 쓰여선 안 된다는 걸 알리는 게 내가 할 수 있는 최선의 사명이라 생각했다"라는 반박 글을 올렸다.

후크가 전달한 미지급 정산금에 관해서는 "오늘 아침 50억 원 정도 금액이 통장에 입금됐다는 문자를 받았다"라면서도 "후크는 아마도 제가 단순히 돈을 받고자 법적 대응을 했다고 생각하는 듯하다. 흔한 음원 정산서 한번 받아본 적 없는데 또 이렇게 일방적으로 미지급금 지급이란 명목으로 사건을 매듭지으려 한다"라고 지적했다.

소속사에게 이승기의 음원 수익은 눈먼 돈이었는지도 모른다. 지난 2015년 발표된 이승기 6집의 정산 내역만 봐도 그렇다. 앨범의 제작비는 편곡비, 밴드 연주비, 홍보 비용 등을 모두 포함해 1억 7,200만 원이 사용됐다고 알려졌다. 6집 활동을 통해 이승기가 벌어들인 수익은 10억 5,400만 원이다. 수익에서 제작비를 제하면 8억 원이 넘지만 이승기는 6집 활동으로 단 한 푼도 정산을 받지 못했다.

중소 엔터 기업에서 시총 12조 대기업이 되기까지, BTS라는 기적 같은 콘텐츠

BTS는 UN 연설과 미국 백악관 의회 연설로 자신들의 메시지를 전했다.

출처: 미국 백악관 공식 SNS

작곡가 출신 프로듀서 방시혁이 시작한 빅히트 엔터테인먼트는 방탄소년단의 신인 시절까지만 해도 중소 엔터 기업에 불과했다. 방탄소년단(BTS) 역시 SM, JYP, YG에서 배출해 데뷔부터 주목받던 보이그룹에 비하면 '중소돌(중소기업에서 만들어진 아이돌)'이라고 불리며 큰 주목을 받지 못했다. BTS는 2013년 6월 13일 '투 쿨 포 스쿨(2 COOL 4 SKOOL)'로 데뷔했다. 이들은 당시 인기 프로듀서 방시혁이 키운 힙합 그룹으로서 반항아

이미지가 강했다. '방탄소년단'이라는 다소 시대와 맞지 않는 이름 탓에 놀림을 받은 적도 있고, "우리들의 롤모델은 빅뱅 선배님"이라는 인터뷰에 K팝 팬들로부터 "꿈도 크다"라는 비웃음을 당하기도 했다. 지금의 위상을 생각하면 많은 사람들이 한 번쯤 '이불킥'을 했을 법하다. BTS가 세계 이곳 저곳에서(특히 미국) 그리고 10대를 넘어 전 세대에서 관심과 반응을 불러 일으키기 시작하자 이들은 '반항아'에서 세계관을 거국적으로 넓혔다. 변방의 작은 나라에서 시작된 보이밴드, 그들의 정체성은 주류가 아닌 마이너 리티였다. 그들은 마이너리티의 대변자가 되어 화려한 퍼포먼스와 라이브 실력으로 음악을 선보이며 더 이상 비주류는 비주류가 아니라고 힘주어 말했다. 특히 'Love Yourself(너 자신을 사랑하라)'라는 메시지가 담긴 노랫말이 전 세계에 깊은 울림을 안기며 UN과 미국 백악관의 초청을 받았고 그 결과 누구도 상상할 수 없었던 그림을 그려냈다. 그들의 활약상을 작은 페이지 몇 장으로 어찌 표현하겠는가.

코로나19가 세계적으로 대유행하던 2020년, BTS는 글로벌 히트곡 '다이너마이트(Dynamite)'를 시작으로 '버터(Butter)', '퍼미션 투 댄스 (Permission to Dance)', '마이 유니버스(My Universe)' 등 여섯 곡을 빌보드 메인 싱글 차트인 '핫100' 1위에 올리는 대기록을 썼다. 10개월 2주 만에 다섯 곡을 연달아 '핫 100' 차트 1위에 올린 것은 지난 1987~88년, 약 9개월 2주 동안 1위 다섯 곡을 배출한 팝의 황제 마이클 잭슨 이후 최단 기간 기록이라고 한다. 게다가 다수가 한국어 곡이니 세계 이목이 팝의 변방이었던 동북아의 작은 나라에 집중됐다. BTS의 한 걸음 한 걸음에 경제적 효과도 나날이 상승했다.

BTS의 세계적 성공으로 빅히트(현 하이브)는 코스닥 상장까지 하며 대기업 종합 엔터테인먼트사로 거듭났다. BTS라는 콘텐츠의 기적 같은 힘에서 비롯된 것이다. 문화체육관광부와 한국 문화관광연구원이 2021년 BTS의 빌보드 '핫 100 차트 1위'로 인한 경제적 파급 효과를 분석한 결과에 따르면, 생산 유발 효과는 1조 2,324억 원, 가치 유발 효과는 4,801억 원, 고용 유발 효과는 총 7,928명에 이르는 것으로 추산됐다. 이는 코로나19 팬데믹의 영향을 제외한 결과이기에 더욱 놀랍다. 국가 브랜드 이미지 상향에 따른 상승효과 등을 추가로 고려하면 BTS의 경제적 파급 효과는 어마어마하다.

현대경제연구원 또한 BTS의 경제적 효과를 분석했다. BTS 인기를 구글 검색량으로 측정한 결과, BTS 인지도가 1포인트 증가하면 당일 주요 소비재 수출액은 의복류 0.18%, 화장품 0.72%, 음식류 0.45% 증가했다고 한다. 2013년 이후 BTS로 연평균 79만 6,000명의 관광객이 늘어났고, 의복류는 2

억 3,398만 달러, 화장품 4억 2,664만 달러, 음식류 4억 5,649만 달러 등 수출도 급증했다.

이를 토대로 BTS의 데뷔 해인 2013년부터 2023년까지 이들이 창출한 경제 효과는 약 56조 원에 달할 것이라는 분석을 내놓았다. 연 평균 5조 6,000억 원인 셈이다.

미국 바이든 대통령을 만나고 있는 BTS

출처: 미국 백악관 공식 SNS

BTS가 홍보대사로 나서면 글로벌 히트는 예견된 일이니만큼 다양한 분야에서 그들에게 홍보대사 혹은 광고 모델 러브콜을 쏟아낸다. 실제로 BTS를 모델로 기용한 기업은 적은 비용으로도 엄청난 성과를 일궜다. 한국

야쿠르트는 상품 패키지에 BTS 사진을 입힌 '콜드브루 아메리카노'로 세계 각지에서 매출을 올렸다. 수출 첫해인 2019년 91만 개였던 판매량은 2020년 270만 개로 3배나 뛰었다. 맥너겟 등으로 구성해 맥도날드가 출시한 'BTS 세트'는 국내에서만 143만 개 판매됐고, 여러 나라 맥도날드 매장에 인파가 몰리는 기현상이 일어났다. 맥도날드는 머라이어 캐리 등 많은 셀럽들과 콜라보를 진행해왔지만 BTS만큼 전 세계에서 뜨거운 반응을 이끌어낸 것은 처음이라고 밝혔다.

BTS의 높은 인기는 당연히 소속사 하이브의 자산 가치로도 이어진다. 하이브가 내놓은 통합 플랫폼 '위버스'의 가치가 5조 원을 웃돈다는 분석이 나오고 있다. 하이브는 엔터 기업이라는 한계에서 벗어나 콘텐츠를 바탕으로 한 플랫폼 기업으로 방향성을 두고 있다. BTS 관련 신규 콘텐츠들이 꾸준히 제작돼 누적됨에 따라 매출이 상승할 뿐만 아니라, 많은 사람들이 몰리면서 플랫폼으로서 안정적인 발판이 된다는 사실을 너무나 잘 알고 있기 때문이다. BTS 같은 전 세계와 전 세대 팬덤을 움직이는 전대미문의 콘텐츠를 두고 그들의 사업을 엔터로 묶는 것만큼 어리석은 일은 없다. 또 다른 꿈을 꾸기 시작한 하이브의 넥스트 스텝이 기대되는 이유다.

저작료만 600억 원 '강남스타일' 콘텐주 싸이

2012년 한국어로 부른 싸이의 노래 '강남스타일'이 미국 빌보드 싱글 차트 핫 100에서 2위를 차지하면서 그의 강남스타일과 말춤은 전 세계로 퍼져 나갔고 서울의 강남은 유명 관광지가 되었다.

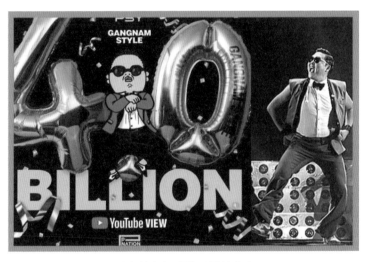

싸이의 '강남스타일' 40억 뷰 축전

출처: 싸이 공식 인스타그램

2021년 싸이의 '강남스타일' 뮤직비디오는 한국 가수 최초로 유튜브 40억 뷰를 돌파했다. 싸이는 '강남스타일' 뮤직비디오 40억 뷰 돌파 기념 이미지를

SNS에 게재하고 이를 자축했다. 2012년 7월 뮤직비디오를 공개한 지 8년 7개월여 만의 기록이자 한국 가수 단일 곡으로는 처음 달성한 기록이다.

'강남스타일' 인기의 중심에는 뮤직비디오가 있었다. 공개 161일 만에 10억 뷰를 돌파했는데, 유튜브 창사 이래 단일 영상이 조회 수 10억 건을 넘어선 건 '강남스타일'이 처음이었다. 2014년 5월에는 유튜브 사상 최초로 20억 뷰를 돌파했고, 2017년 11월에는 30억 뷰를 넘어섰다. 싸이는 이미 다수의 히트곡을 낸 콘텐츠다. 과거 싸이는 자신의 곡 중 '낙원'이 건물 한 채 아쉽지 않은 콘텐츠라고 밝힌 바 있다. 가수 이재훈과 함께 부른 '낙원'은 과거 싸이월드 배경음악으로 굉장한 인기를 누리며 '연애할 때 가장 많이 깔았던 싸이월드 BGM TOP 5'를 기록하기도 했다.

그는 본인의 노래뿐 아니라 제작자로서도 큰 저작권료 수익을 거뒀다. 가장 큰 수익을 가져다준 노래는 그가 작사·작곡한 이승기의 데뷔곡 '내 여자 라니까'였다. 앞에서도 언급했지만, 창작자인 싸이에게 가장 큰 수익을 가져다준 노래인데 정작 가수에게는 단 한 푼도 돌아가지 않았다니 역시 이승기가 화낼 만하다고 여겨진다. 이뿐만 아니라 서인영이 일명 하이웨이스트 패션을 유행시킨 '신데렐라'라는 곡 역시 싸이의 작품이다. 이 외에도 DJ DOC의 '나 이런 사람이야', 울랄라 세션의 '아름다운 밤', 제시의 '눈누

난나'도 그가 만들었다. 그는 그저 '강남스타일'로 대박 난 벼락 콘텐주가

아니라 이미 등 따뜻하게 배부른 가요계 콘텐주 중 콘텐주였던 것이다.

윤종신이 '월간 윤종신'을 내는 이유

윤종신은 생각했다. 앨범 하나를 만들기 위해서는 많은 사람들의 노력과 경제적 투자, 시간이 투여되어야 한다. 노래를 만들고 녹음하고 콘셉트를 정하는 시간을 빼더라도 앨범이 발매되면 보도 자료며 각종 티저 영상과 사진을 만들어내야 한다. 큰 공연장을 대관해 기자간담회, 청음회 혹은 쇼케이스를 하고, 노래 홍보를 위해 여러 매체를 다니며 인터뷰나 방송 출연을 해야 한다. 유튜브에 올릴 안무 연습 영상이나 브이로그도 찍어야 한다. 그렇게 힘들게 앨범이 공개된다. 저녁 6시에 각종 음원 사이트에 음원이 올라가면 한두 시간 만에 뜨는 곡인지 묻히는 곡인지 결정이 난다. 가수를 비롯해 여러 사람들이 심판의 날, 한두 시간을 위해 수개월 혹은 1년을 고생고생 해야 한다. 게다가 똑같이 노력해도 뜨는 노래는 1%에 불과하다. 너무나 비효율적인 시스템이다.

앨범 발매에 회의적인 마음이 된 윤종신은 '이럴 바에는 차라리 자신의 사회관계망 서비스(SNS) 구독자(충성 리스너)들을 대상으로 하는 노래를 만들어보면 어떨까'라는 생각에 이르렀다. 한꺼번에 오랜 시간이 걸려 앨범을 만드는 것보다, 매달 곡 작업을 하되 SNS를 기반으로 비용과 힘을 들이지 않고 듣고 싶은 사람에게만 전해지는 간소한 마케팅으로 꾸준히 음원을 만들어보기로 했다. 마치 구독하듯 노래를 듣는 '월간 윤종신'이다.

2010년에 시작한 '월간 윤종신' 프로젝트는 성공 가도를 달리고 있다. 10년이 넘도록 이어지고 있으며 입소문이 퍼지면서 구독자는 점점 늘어가는 중이다. 소설과 영화, 게임 등 다양한 콘텐츠와의 컬래버레이션 제의도 들어오고 있단다. 콘텐츠를 차곡차곡 채워 한 번에 푸는 방식이 아닌, 넓게 펼쳐놓고 아카이빙을 만들어놓은 것이 성공의 비결이다. 이미 기존에 작곡한 노래들로 인해 콘텐주가 된 그이지만 이제는 명실상부 지속 가능한 콘텐주 반열에 올랐다.

'월간 윤종신'이 오랜 시간을 이어온 만큼 음원이 쌓이고 쌓였다. 윤종신은 "이 프로젝트를 진행한 지 3년 정도 됐을 때, 가장 중요한 걸 터득하게 됐다. 내가 만들어놓은 아카이브를 뒤늦게 발견했다는 거다. 지속적으로 꾸준히 그리고 성실하게 음악을 했더니 여기에 박수를 보내주는 사람들이 생겼다"라고 말했다. 다른 유튜브 콘텐츠와 같다. 이미 만들어놓은 자료는 생명을 잃지 않는다. 언제든 중간 구독자가 유입되면 수익으로 연결된다. 현재 구독자 24만 명의 '월간 윤종신'은 건물 월세 들어오듯 수익이 쌓이고 있다. 윤종신은 "꾸준히 앨범을 냈더니 유튜브 누적 청자가 늘어나면서, 2년 전에 발매했던 음원이 지금의 나에게 수익을 가져다주는 현상이 생겼다"라고 설명했다.

月刊 尹鍾信

'월간 윤종신' 로고

출처: yoonjongshin.com

매월 한 곡을 작곡한다는 것은 결코 쉬운 일이 아니다. 그는 "앨범처럼 오랜 기간 기획하고 만드는 것이 아니라 순간의 생각을 바로 악보로 적는다" 라고 말한다. 월 단위로 곡을 만들다 보니 순발력과 집중력이 생겼다. 그는 "매달 노래를 발매하니, 그 달에 했던 생각을 그 달에 음악으로 던질 수 있다" 라고 말을 이었다. 그러다 보니 앨범 타이틀곡이 아니라는 이유로 묻히거나 조명을 덜 받는 곡이 없어졌다. 그는 홀대받는 자식(곡)이 없어진 것만으로도 '월간 윤종신' 프로젝트는 성공한 셈이라고 생각했다. 앨범 하나를 만들고 홍보하기 위해서는 거대한 자본과 물량이 투자되어야 한다. 창작자의 자유로운 생각을 표현하는 데 제약이 생기는 경우도 있다. 이제 수익 구조가 튼튼하게 자리 잡힌 '월간 윤종신'은 다른 창작자들에게 또 다른 방향성을 생각하게 한다. 콘텐츠 만들기는 돈이 필요한 작업이 아니다. 소소하게 본인의 머릿속 생각을 끄집어내어 표현하는 것만으로 가치를 알아봐주는 사람들이 생겨난다. '월간 윤종신'은 비단 노래 콘텐츠뿐만이 아니라 모든 분야의 콘텐츠 생산자들에게도 적용할 수 있는 의미 있는 프로젝트로 보인다.

임창정 '소주 한 잔'으로 걸그룹 만들다

음악 저작권료 거래 플랫폼 '뮤직카우(뮤지코인)'를 통해 거래된 가수 임창정의 히트곡 '소주 한 잔'은 6시간 만에 완판 기록을 세웠다. 뮤직카우에 따르면 '소주 한 잔'의 저작권을 3,000개로 쪼갠 조각 권리가 한 개당 2만 5,000원으로 시작해 최고가 5만 1,000원에 낙찰이 완료됐다고 한다. 역대 최고 수량이었던 이번 옥션은 경쟁률 300%를 기록하며 공개한 지 6시간 만에 완판을 기록했다.

'소주 한 잔'은 발매된 지 10년이 훌쩍 지났지만 여전히 노래방 차트에서 꾸준히 10위권을 유지하고 있는 스테디셀러 곡이다. 또한 여러 가수들을 통해 리메이크되고 있으며, 각종 방송 내 삽입곡으로도 많이 등장해 꾸준한 저작권료 수익이 예상된다. '소주 한 잔'같이 꾸준히 수익을 내고 있는 다수의 콘텐주를 소유하고 있는 임창정이 건물 한 채를 내다 판 셈이다.

뮤직카우는 이런 가수의 콘텐주 곡 저작권을 잘게 나눈 다음 대중에게 경매를 붙여 판매하는 저작권 공유 플랫폼이다. 저작권을 산 사람들이 곡 창작자 대신 70년간 저작권을 받는다. 자신이 산 곡이 음원 사이트나 라디오 혹은 TV에 나올 때마다 수익이 발생하고 그 수익의 일부를 받게 된다. 돈이 되는 곡, 즉 콘텐주가 되는 곡을 판별하는 것이 이 투자에 필요한 '감'

이다. 뮤직코인이 내세우는 문화와 투자의 만남이라고 볼 수 있다. 어쨌든 '소주 한 잔'을 판 임창정의 이야기로 돌아가 보면, 그는 급전이 필요해 눈물을 머금고 저작권을 팔 수밖에 없었다고 한다. 그는 "회사에서 준비 중인 신인의 데뷔가 늦어져 '소주 한 잔' 저작권을 팔았다. 저작권 처분 후 '소주 한 잔'을 불러야 했는데 그때 내가 다른 사람의 동의를 얻어야 했다"라며 "그 곡이 이제 내 곡이 아니라는 것을 깨닫고 그날 저녁에 정말 우울했다"라고 말했다.

임창정이 언급한 자신이 키우는 신인은 바로 걸그룹 미미로즈다. 또 하나의 콘텐주를 만드는 도전을 감행한 것이다. 그가 눈물을 머금고 '소주 한 잔'을 경매에 붙인 이유가 짐작이 간다. 아이돌 그룹 한 팀을 키우는 데 꽤 많은 투자 비용이 들어가기 때문이다. 아이돌 키우는 비용이 공개적으로 드러난 것은 아이돌 그룹 블락비와 소속사 스타덤 엔터테인먼트가 전속 계약 분쟁을 하면서부터다. 이 과정에서 아이돌 그룹의 어마어마한 제작비가 공개돼 화제를 모았다.

블락비 멤버들은 수입 정산이 이뤄지지 않았다고 주장하며 소속사에 소송을 제기했다. 반면 소속사는 "블락비가 활동한 1년 반 동안 회사는 약 30억 원을 지출했다"라면서 "수입 정산이 불필요한 사항이었다"라고 항변

했다. 연예계 표준계약서에 따르면 투자 비용을 제하고 손익분기점을 넘긴 이후부터 정산이 이뤄지게 되어 있기에 주장할 수 있는 부분이었다. 소속사의 지출 비용에 대한 의견은 분분했다. 누리꾼들은 30억 원이라니 너무 부풀린 비용이 아니냐는 의심의 눈초리를 보냈지만, 아이돌 업계 사람들 사이에서는 '기획사 규모나 성격에 따라 지출 비용은 천지 차이지만 30억 원 정도면 생각보다 적게 쓴 편'이라는 의견이 지배적이었다. 그 정도로 아이돌 그룹을 론칭하는 일은 가벼운 일이 아니다.

임창정은 이런 '밑 빠진 독에 물 붓기'와 같은 아이돌 만들기에 뛰어들었다. 자신의 콘텐주를 팔아 또 다른 예비 콘텐주에 투자한 그. 과연 남는 장사를 할 것인지 아닌지는 그가 만든 걸그룹 미미로즈의 활약상을 살펴보면 해답이 나올 것으로 보인다. 콘텐주를 팔아서 또 다른 콘텐주를 탄생시키는 그림을 구경할 수 있을지 기대가 된다.

PART 2.

슈퍼 콘텐주의 안목과 가치관은

세계관이 된다!

01.

예술 문화 콘텐츠로,
세계인의 영원한 건물주 유럽

콘텐주 명가 유럽의 메디치 가문, 예술 콘텐츠로 영원한 부와 명예를 누리다!

사실 우리나라는 예술 작품 콘텐츠의 가치를 잘 알지 못했던 나라 중 하나다. 김구 선생이 <백범일지>에서 한없는 문화의 힘이 국력임을 강조했지만, 우리나라 역사에서는 수많은 전쟁에 의해 문화재가 파손되고 수탈당했을 뿐 지키고 지원하는 것이 어려웠다. 요즘은 문화체육관광부와 문화재청에서 문화재를 복원하고 발굴하는 작업에 많은 노력을 기울이고 있다. 게다가 근래에 한류라는 새로운 문화를 만들고, K팝이나 K드라마의 가치를 알고 보호하고 홍보하면서 세계적 확산을 지원한다. 이뿐만이 아니다. 최근 열린 국내 미술품 전시에 많은 미술 애호가들이 찾아 미술품을 구입했다. 과거에는 미술과 예술이 재벌이나 부유층의 전유물이었다면, 이제 우리나라 일반인들도 미술품의 소장 가치를 깨닫게 되었다는 것을 의미한다.

메디치 가문이 수백 년 동안 모은 컬렉션을 한곳에 집중해 선보이는 피렌체의 우피치 미술관은 세계에서 가장 많은 미술품을 보유하고 있기로 유명하다. 메디치가의 마지막 후계자인 안나 마리아 루이사가 1743년 사망하면서 '피렌체 밖으로 반출하지 않는다'는 조건을 걸고 가문의 작품을 피렌체에 기증했다고 전해진다. 고대 로마로부터 이어 내려와 이탈리아에 축적되어 있는 문화재들은 시간이 흐를수록 더 큰 가치를 가지고 사람들을 모으고 있다. 이와 같이 유럽에서는 예술 콘텐츠의 가치를 보존해 대체 불가능한 자산 가치로 키워냈다. 이탈리아를 예로 들면, 1000년이 넘지 않은 작품은 인정하지 않는다고 할 정도로 예술과 문화 분야에서 전 세계 제일의 콘텐주라 할 수 있다.

이탈리아의 다빈치가 그린 프랑스의 〈모나리자〉! 그 가치는?

　이탈리아 사람이 그렸지만 지금은 프랑스 파리 루브르 박물관에 소장돼 있는 세계에서 가장 비싼 그림. 바로 〈모나리자〉다. 경매에 나온 적은 없지만, 세계 최고 부자라 해도 소장하고 싶다는 말조차 꺼낼 수 없을 것이다. 프랑스에서 절대로 팔지 않을 작품이 〈모나리자〉이기 때문이다. 단순히 관광 수입 측면에서만 보더라도 〈모나리자〉를 보러 온 사람들이 지불하는 루브르 박물관 입장료 수입만 하루에 4억 원 이상이다. 1년이면 1,500억 원에 육박한다. 하지만 이 〈모나리자〉 그림의 가치에 비하면 임대료도 안 되는 금액이다. 주변 상권의 매출, 호텔 등 관광 수입과 관광객이 지불하는 시티 택스가 파리를 지탱하는 힘이다. 감히 〈모나리자〉를 현금으로 환산한 가치는 얼마일까?

　〈모나리자〉는 전 세계에서 가장 명성이 높은 그림이다. 이 작품을 보기 위해 전 세계 수많은 사람들이 파리의 루브르 박물관을 찾는다. 프랑스는 〈모나리자〉를 통해 매 해 수조 원의 경제적 가치를 창출하고 있다. 〈모나리자〉는 1503~1506년경에 제작된 것으로 추정된다. 그려진 지 500년이 훌쩍 넘은 〈모나리자〉는 사실 처음부터 많은 이들에게 주목받은 작품은 아니었다. 초창기 이 작품을 소유하고 있었던 프랑수아 1세는 〈모나리자〉를 무려

욕실에 보관했다고 한다. 이 잘못된 보관 방법은 그림의 표면이 갈라지는 원인이 되었다.

이후 <모나리자>는 1790년대 후반 루브르 박물관으로 옮겨진다. 이렇게 평범했던 <모나리자>는 한 사건을 계기로 현존하는 최고의 가치를 지닌 명화로 자리매김하게 된다. 1900년대 초, 이탈리아인 페루지아라는 사람이 <모나리자>를 훔쳐 가는 사건이 일어난 것이다. 이로 인해 <모나리자>가 전 세계인에게 주목을 받기 시작했다. 당시 박물관의 보안이 얼마나 허술했으면 도난을 당할 수 있는지 지금의 상식으로는 이해하기 어렵긴 하다. 페루지아는 <모나리자>를 훔쳐 간 후 2년 동안 자기 집 난로 밑에 숨겨두었다고 한다. 그

프랑스 루브르 박물관의
〈모나리자〉

출처: Pexels

리고 우피치 미술관 관리인에게 <모나리자>를 판매하려다 붙잡히고 말았다. 페루지아는 당연히 돈을 벌 목적으로 그림을 훔쳤다. 하지만 <모나리자>는 원래 이탈리아 작품이니 당연히 이탈리아로 돌아와야 한다는 주장을 펼치면서 이탈리아 국민들에게만은 적극적인 지지를 받았다고 한다. <모나리자>의 천문학적인 가치를 생각하면 페루지아의 말에도 설

득력은 있다.

한때 <모나리자>를 팔아야 한다고 주장하는 기업가들이 있었다. 프랑스의 한 디지털 콘텐츠 기업 CEO는 다빈치의 걸작인 <모나리자>만 팔아도, 코로나19로 재정난이 심각한 프랑스의 재정을 단번에 복구할 수 있다고 주장했다. 아랍 왕자에게 66조에 판매하는 것을 제의했다고 하는데, 프랑스 국민들은 아무리 나라가 가난해져도 문화재를 파는 것은 국격과 자존심을 버리는 일이라고 그를 비난했다. 그림 하나로 66조를 버는 것보다 정신적인 가치를 잃지 않는 것이 더 중요하다고 믿는 프랑스 사람들은 문화와 예술이 인간에게 최고의 가치와 행복을 준다고 여긴다. 그 정신은 첨단 기술보다 전통을 중시하는 상류층의 세계관이다.

세계관을 단단하게 구축하여 상류사회 세계관 장사를 하는 그룹이 바로 명품을 판매하는 패션 회사들이다. 2022년 12월, 세계 1위의 부자가 베르나르 아르노(Bernard Jean Étienne Arnault) 루이비통모에헤네시(LVMH) 회장으로 교체됐다. 현재 시점에서 아르노 회장의 재산은 2,045억 달러(한화 약 275조 800억 원)이다. 그는 '럭셔리 제국의 황제', '캐시미어를 입은 늑대', '유럽 최고의 부호'라고 불린다. 미래 기술의 상징인 일론 머스크가 트위터를 인수하면서 테슬라 주가가 폭락하는 바람에 일시적으로 세계 부자 1위가 교체되었다고 단순히 생각하기엔 어려운 점이 있다. 바로 아르노 회장의 경영 철학이 인간 본성에 대한 통찰에서 왔다는 점이다. 루이비통모에헤네시 (LVMH)의 루이비통은 명품, 모에는 와인, 헤네시는 코냑의 브랜드명이다. 아르노 회장은 명품과 고급 와인, 양주를 취급하여 막대한 부를 이루었다.

아르노 회장은 스스로를 '꿈을 파는 상인'이라고 말한다. 그리고 자신의 직업을 기업가, 예술 수집가라고 적는다. 그는 과거에도 현재에도 그리고 30년 후에도 사람들은 아름다움과 쾌락에 취해 살고 싶어 할 것이라고 생각한다. 인간의 본성은 변하지 않고 변하지 않는 것에 투자한다는 것이 아르노의 철칙이다. 아르노 회장은 초기에 부동산 사업으로 성공한 후 크리스찬 디올을 인수하는 것으로 명품 전통 브랜드를 인수합병했다. 아르노 회장은 루이비통을 비롯해 크리스찬 디올, 불가리, 지방시, 태그호이어 등 70개가 넘는 럭셔리 브랜드를 보유하고 있다. 아르노 회장이 세계 명품 시장을 움직이는 큰손이 될 수 있었던 비결은 '창조적 상술'이라고 한다. 프랑스에 있는 기업뿐 아니라 이탈리아의 주요 명품 기업들을 공략했고, 제품도 중요하지만 명품 사업에서는 대중에게 보이는 마케팅이 중요하다고 여겼다. 또 1992년 중국 진출로 글로벌 매출을 일으켜 세계적인 대부호로 성장했다. 마크 제이콥스, 알렉산더 맥퀸 등 유명 디자이너와 그의 이름을 건 브랜드를 만들기도 하며, 각 명품 브랜드의 특성과 고유의 가치를 마케팅에 활용한다.

루이비통모에헤네시 로고

출처: www.lvmh.com

2017년에 이탈리아의 명품 제조 공방을 방문한 적이 있다. 코트라의 지원으로 참여한 행사여서 신발, 가방, 스카프, 실크 원단 등을 제조하는 현장을 직접 둘러볼 수 있었다. 그곳에서 가업을 계승한 이탈리아 장인들 그리고 명품 제조사 사람들과 이야기를 나눌 수 있었는데, 그들의 이야기는 모두 비슷했다. 이제 이탈리아 명품 브랜드의 소유권은 프랑스에서 보유하고 있다는 것이다. 콘텐츠 저작권, 브랜드 등을 프랑스 회사에서 공격적으로 사들였다고 한다. 프랑스가 가지고 있는 명품 브랜드에서 110만 원에 팔리는 신발이 만들어지는 공정에는 이탈리아 공방의 노하우가 담긴다. 제작 과정은 다음과 같다. 먼저 프랑스 디자이너가 디자인한 이미지가 팩스나 이메일로 전달된다. 이탈리아 공방은 그 이미지를 받아서 사이즈별로 몇 개의 샘플을 제작하고 프랑스 본사에 보낸다. 이렇게 진행되는 샘플 작업 속에서 디자이너가 원하는 컬러와 소재를 발굴한다. 최고의 명품을 제작하는 일은 이탈리아 공방에서 담당하지만 비밀 유지의 의무가 있고, 판권은 프랑스 명품사에 있다. 프랑스로 보내진 샘플 상품을 디자이너들이 평가하고 선정되면 주문서를 넣는다. 샘플이 채택되지 않은 공방은 샘플비만 받을 수 있다. 샘플이 채택된 공방은 주문된 수량만큼을 제작해서 프랑스 본사에 보내고 검수를 거쳐 전 세계로 납품된다. 공방이 명품 브랜드에 납품하는 가격은 정가의 15% 전후이다. 아이디어, 디자인 그리고 브랜드의 가치를 더해서 명품 매장에서 판매되는 가격은 프랑스 명품 브랜드 마케팅 전문가가 정한다. 따라서 이탈리아 공방들은 제조업자의 역할을 담당하고 실제 판매가의 15% 정도를 받으며 제작을 대행해주는 역할을 하는 셈이다. 이탈리아 공방에서 원하는 것은 프랑스처럼 '명품 브랜드'를 갖는 것이었다. 이탈리아의 명품 브랜드들이 프랑스로 대거 인수합병을 당할 당시에는 미처 브랜딩의 가치를 알지 못했다는 아쉬움을 전했다. 자신의 공방도 프랑스 명품 브랜드처럼 세계관이 있는 브랜드를 갖기를 원하지만, 마케팅 능력이 없고 또 그간 쌓아 올린 프랑스 명품사들의 명성을 이제라도 따라갈 자신이 없다고도 했다.

결국 명품, 사치품, 고급 주류 등 상류층의 세계관을 상징하는 '브랜드'를 가진 사람이야말로 콘텐주라고 할 수 있다. 프랑스의 아르노 회장은 상류층의 생활, 일반인의 꿈을 판매하며 지속 가능한 세계 제일의 부자, 명품 콘텐주로 발돋움한 것이다.

윌리엄 셰익스피어　　　　　셜록 홈스

비틀스　　　　　〈반지의 제왕〉

〈닥터 후〉　　　　　프리미어 리그

영국 국회의사당　　　　　BBC

영국의 문화 콘텐츠

2012년 런던 올림픽 개막식에서는 '역대급' 무대가 펼쳐졌다. 아카데미 8개 부문 수상작 <슬럼독 밀리어네어>를 연출한 대니 보일 감독이 총연출을 맡아 '경이로운 영국(The Isles of Wonder)'이라는 주제로 개막식 무대를 꾸몄는데, 영국의 근현대사를 압축해 보여주면서 영국이야말로 진정한 콘텐츠의 왕국임을 여실히 드러낸 것이다. 이 행사를 위해 런던 올림픽 조직위원회는 당시 2,700만 파운드(480억 원)를 들였으며, 엘리자베스 2세 여왕이 제임스 본드 역의 다니엘 크레이그와 열연까지 펼치는 진귀한 광경이 전 세계 안방극장을 강타했다. 개막식 영상 내용은 이렇다.

　　영국의 전통 마을로 꾸며진 올림픽 스타디움. 개막식은 23톤 무게의 '올림픽 종'이 울리며 시작된다. 엘리자베스 2세 영국 여왕이 왕궁에서 제임스 본드를 따라 나서더니 마치 영화 <007 시리즈>의 주인공처럼 헬리콥터에서 낙하산을 타고 주경기장에 뛰어내린다. 이어 <미스터 빈>으로 글로벌 유명세를 떨친 배우 로완 앳킨슨과 <해리 포터> 시리즈의 저자 J.K. 롤링이 등장해 영국 문화 콘텐츠를 자랑한다. 개막식의 대미는 비틀스다. 멤버 폴 매카트니가 '헤이, 쥬드(Hey, Jude)'를 부르며 마지막을 장식한다. 많은 서구 문화 중 하나인 영국 문화지만 TV 앞에 있는 모든 시청자들이 아는 스토리와 인물들이 연이어 등장한 것이다. 분명히 자기 나라 '자랑질'인

줄 알면서도 인정할 수밖에 없는, 아니 감동할 수밖에 없는 역사에 길이 남을 '역대급' 개막식이었다. 콘텐츠는 개인의 것이기도 하지만 국격이기도 하다. 우리가 'BTS 보유국'이라고 불리는 것처럼.

영국은 작지만 문학, 음악, 공연 문화를 세계에 전파하는, 인정할 수밖에 없는 위대한 나라다. 프랑스 하면 샹젤리제 거리와 명품 브랜드가 떠오르듯, 영국 하면 셰익스피어, 셜록 홈스, 비틀스, 퀸의 '보헤미안 랩소디', <해리 포터>의 조앤 롤링이 떠오른다.

우선 영국의 엄청난 음원 콘텐츠 수입을 창출한 대표적인 음악가로 비틀 스와 롤링스톤스, 퀸 등이 있다. 비틀스가 살았다는 리버풀은 자동차 사업이 몰락한 후에도 비틀스를 추억하며 찾아오는 연간 수백만 명의 관광객으로 유지되는 도시다. 전 세계적으로 인기를 얻었던 영국의 대표 그룹 퀸은 아직도 엄청난 인세 수입을 벌어들이고 있다. 퀸의 프레디 머큐리는 45세에 사망하면서 메리 오스틴이라는 유일한 여자 친구에게 자신의 음악 저작권을 상속했다. 프레디 머큐리의 전기를 보면 1970~80년대의 음원 판매 수입이 상당했음을 알 수 있는데, 지금도 그의 음악은 TV와 라디오에서 쉽게 들을 수 있고 수없이 리메이크되는 중이다. 이것만 봐도 여전히 많은 콘텐츠 서작권 수입을 벌어들이고 있음을 알 수 있다.

조앤 롤링 〈해리 포터〉의 어마 무시한 인세, 재산으로 영국 여왕을 넘어서다!

〈해리 포터 시리즈〉의 작가 조앤 롤링은 이미 영국 여왕보다 부자로 재산이 약 10억 달러에 육박한다고 한다. 작가로서 1조가 넘는 재산을 보유하고 있는 조앤 롤링은 자신의 자녀들 역시 작가로 키우면서 가명을 사용해 새로운 작품들을 발표하고 있다. 유명세로 승부하기보다는 순수한 작품성으로 인정받겠다는 그녀의 작가 정신이다.

〈해리 포터 시리즈〉가 여태까지 영국에 창출한 경제 효과는 약 300조이다. 롤링은 1995년에 이혼을 하면서 생계를 위해 하루 종일 커피 한 잔과 빵으로 버티며 집필에 몰두해 〈해리 포터 시리즈〉의 첫 권을 써냈다. 1996년 작은 출판사에 지나지 않았던 블룸즈버리 출판사에서 〈해리 포터 시리즈〉의 1권인 〈해리 포터와 마법사의 돌〉을 500부 찍어 출판하게 되었고, 원고료로 1,500파운드(한화로 260만 원 정도)를 받았다. 이어 7권까지 출판되면서 블룸즈버리 출판사는 메이저 출판사가 되었고, 조앤 롤링은 현재의 부를 축적하게 되었다.

조앤 롤링이 글을 쓰던 엘리펀트 하우스 카페는 당연하게도 세계적인 관광 명소가 되었다. 런던에 가면 〈해리 포터〉를 테마로 한 세트장, 체험관들을 만날 수 있다. 조앤 롤링의 〈해리 포터 시리즈〉는 개연성, 세계관의 한계점 등으로 비판도 받았지만, 결과적으로는 셰익스피어의 명맥을 잇는 스토리 강국으로서 영국의 자존심을 다시 한 번 세계에 알렸다. 더불어 변하지 않는 부의 원천은 창의력과 상상력이라는 사실을 전 세계에 일깨우기도 했다.

영국은 작은 나라지만 스토리텔링으로 세계를 지배한다. 우선 영국은 영어라는 언어적으로 유리한 콘텐츠를 가지고 있다. 지금 영국에는 지역 스토리텔링 그룹이 3만 개에 이른다고 한다. 국가의 지원을 받아 각자의 이야기를 나누고 피드백을 주고받으며 글을 쓴 다음 출판하는 모임이다. 영국인들은 부의 원천인 창의력과 상상력의 가치를 잘 알고 있다. 그리고 국가 주도로 스토리텔러를 적극적으로 지원하는 중이다. 그들의 상상력과 창의력이 언젠가는 큰 가치가 되어 또 한 번 국가를 부강하게 만들 것이 분명해 보인다.

02.

국내 슈퍼 IP 콘텐주
스토리 세계관

건물주 위에 콘텐주 '신(新) 계층 사다리'

앞서 우리나라 콘텐츠 주인들의 어마 무시한 수입도 확인했고, 정통 콘텐츠 강국들이 모여 있는 서유럽의 프랑스와 영국의 사례도 살펴보았다. 이제 우리나라도 K팝, K드라마 등의 콘텐츠가 세계적으로 인정받는 콘텐츠 강국으로 발돋움했다. 싸이와 BTS로 대표되는 K팝은 2012년부터 지금까지 10년이 넘는 시간 동안 세계인들에게 사랑받는 중이다. <오징어 게임>, <기생충>, <미나리>, <헤어질 결심> 등 K드라마와 영화는 2021년부터 세계인을 사로잡았고, 팬데믹을 지나며 OTT의 발달로 지속적인 투자가 이루어지고 있다. 신선한 광고나 뮤직비디오, 웃기는 예능보다 사람들은 스토리가 있는 드라마, 뮤직비디오, 음원을 더 오래 기억하고 열광한다. 김동률의 '기억의 습작'이라는 음원도 <건축학개론>이라는 영화 주제곡으로 쓰이면서 더 많이 알려졌고, '우리 모두는 누군가의 첫사랑이었다'라는 영화의 세계관과 각자의 첫사랑 스토리가 연결되며 슈퍼 IP로 사랑받았다. 이제 한국에서는 슈퍼 IP가 가진 파급력을 이해하고 세계관 구축에 많은 힘을 쏟는다.

이수만 프로듀서의 문화 창조 산업 전망

우리는 프로슈머가 자발적으로 콘텐츠를 재창조하고 확산시키는 메타

버스 시대에 살고 있다. SM엔터테인먼트의 이수만 총괄 프로듀서는 "이제

우리는 프로슈머의 리크리에이션(Re-Creation)을 촉발시키는 강력한 글로벌

IP를 어떻게 확보하고 만들 수 있을지를 고민해야 한다"라고 강조한다.

"프로슈머와 창작자의 자발적인 창작 활동을 촉진하는 '멋진 생태계'는

무엇이며 누가 만들 수 있는가?"라는 질문을 던지던 이수만 사장은 말했다.

"이것이 문화 창조 산업의 화두가 될 것이다!"라고. 팬데믹은 우리나라

사람들에게 문화 창조 산업의 새로운 미래를 열어주었다. 2022년 기획재정부

에 따르면 한국의 국내총생산(GDP) 대비 제조업 비중은 27.8%로 우리와

유사한 구조를 가진 독일(21.6%), 일본(20.8%)보다도 높다. 그리고 미국

(11.6%), 영국(9.6%)과는 격차가 크다. 2010년에 본격적으로 확산되기

시작된 한류를 기반으로 출판, 게임, 방송, 음악 등의 서비스업이 급격히

성장하기 시작했는데, 특히 한류에서 가장 큰 비중을 차지하는 것은 게임

산업이고 그다음은 서적(학습만화 위주)이었다. 우리나라는 세계적으로 가장

강력한 경쟁력을 가진 메모리 반도체 제조가 핵심이지만, 최근 삼성전자도

재고가 쌓인다는 뉴스가 들린다. 첨단 제조업이긴 하지만 결국 전 세계적인

경기 침체의 영향을 받고 있는 것이다.

우리나라는 프랑스나 이탈리아처럼 많은 문화재와 예술품을 보유하고 있지는 않지만, 세계의 MZ세대를 열광하게 하는 한류가 있다. <오징어 게임>을 본 세계인들은 한국 관광을 원하고, 한국말로 놀이를 즐기고, 한국어를 배우고 한국 문화에 관심을 갖게 되었다. 동남아권에서는 한국 웹툰, 웹소설과 드라마가 인기다. 따라서 이제 세계를 공략하는 전략으로 한국의 문화와 콘텐츠를 소개하는 일의 가치는 더욱 상승했고 매출 창출의 길이 열렸다.

따라서 기존 슈퍼 IP를 중심으로 구축된 세계관에 계속 소비자의 발길이 머물 수 있게 해야 한다. <오징어 게임 시즌2>의 제작이 확정되었고, 기존 슈퍼 IP들의 스핀오프로 드라마, 영화, 게임 등 세계관을 공유하는 연계 콘텐츠들이 세계적인 투자 유치 후 제작 중이다. 제조업이 부진한 우리나라도 서비스업, 특히 자본이 적게 드는 스토리텔링 사업으로 충분히 미래 먹거리를 만들 수 있는 기회가 온 것이다. 현재 구축되고 있는 세계관은 어떻게 기획되고 구축되는가?

60억 뷰 슈퍼 IP 천계영 작가 〈좋알람〉 유니버스

넷플릭스 오리지널 시리즈로도 유명한 〈좋아하면 울리는〉은 슈퍼 IP(지적재산권)의 대표 격이다. 막대한 저작권 수입을 벌어들이는 천계영 작가의 유니버스는 슈퍼 IP(지적재산권) 그 자체인데, 카카오페이지는 여기에서 멈추지 않고 〈좋아하면 울리는(이하 좋알람)〉 세계관을 공유하는 5개 웹툰과 웹소설 작품을 카카오페이지, 카카오웹툰을 통해 연재하기 시작했다. 〈좋알람〉 유니버스 작품들이 판타지, 고전, 스릴러 등 다양한 장르로 펼쳐진다. 콘텐츠 소비자들을 공략하는 이 '세계관'이란 무엇일까? 세계관이라는 용어는 Welt(세계)와 Anschauung(관점, 보기)으로 구성된 독일어 'Weltanschauung'에서 왔다. 세계관(世界觀, Worldview)이란 어떤 지식이나 관점을 가지고 세계를 근본적으로 인식하는 방식이나 틀이다. 세계관에는 자연 철학 즉 근본적이고 실존적이며 규범적인 원리와 함께 주제, 가치, 감정 및 윤리가 포함될 수 있다.

〈좋아하면 울리는〉은 10미터 이내에 좋아하는 사람이 있으면 알람이 울리는 〈좋알람〉 앱이 존재하는 세계를 기반으로 주인공 조조, 선오, 혜영의 성장과 사랑 이야기를 그린다. 천계영 작가와 피플앤스토리 출판사 소속의 작가 5명이 〈좋알람〉 작품 세계관을 공유하는 웹툰과 웹소설을 제작하는 것이 〈좋알람〉 유니버스의 특징이다. 이 작품들은 같은 세계관을 가지고 있지만 각기 다른 작가들의 상상력으로 구현된다는 특징이 있다.

세계관을 설계하는 일은 게임 개발에서 많이 사용되었다. 게임 속 세계관은 우선 게임 세계 안의 스토리, 규칙, 창조한 세상의 문화, 주제, 가치, 윤리, 감정 등을 포함한다. 캐릭터들이 살아가는 세상의 하늘 색, 흙의 색, 대기의 구성물질까지 포함하고 있다. 어떤 게임 혹은 메타버스 공간에서 헤어 나올 수 없다면 이미 그 세계관에 매료되어 그 안에서 살고 있는 것이다! 이렇게 확장성이 높은 콘텐츠의 세계관에 관해서 좀 더 자세히 알아보자.

〈좋아하면 울리는〉 유니버스의 홍보 자료

출처: 카카오

K콘텐츠 세계관이 왜 중요한가

연예 부서에서 일할 당시 '세계관'을 몸소 체험한 적이 있다. '펭수 열풍' 기획 기사를 취재하던 때였다. 펭수는 세계관이 확고한 캐릭터였다. 사회학자, 문화평론가에게 펭수 열풍 이유에 관한 분석 의견을 물었다.

10살, 아직 어린 펭귄 펭수는 홀로 남극에서 서울로 '상경'해 아무런 배경 없이 연습생 신분으로 살아가고 있다. EBS 지하 소품실 구석에서 지내면서도 누구에게나 당당하고 씩씩하게 긍정적인 마음으로 산다. 이런 펭수의 모습은 20대 사회 초년생들에게 특히 공감이 되고 서로 격려와 위로가 되는 캐릭터이기 때문에 열풍이 불고 있는 것이라고 전문가들은 분석했다. 이게 바로 어린이부터 젊은 세대까지 모두의 마음을 사로잡은 '펭수의 세계관'이었다. 분석 후 기사 말미에는 펭수와 프로그램을 만들었던, 지금은 JTBC로 이적한 이슬예나 PD와 나눈 인터뷰를 실었다.

펭수 열풍이 시작된 때는 서늘한 겨울이었다. 인터뷰를 마칠 때쯤 이 PD에게 "펭수가 겨울에 인기를 얻어 참 다행이에요. 여름이었다면 그 안에 있는 분이 얼마나 힘드시겠어요?"라는 좀 짓궂은 질문을 던졌다. 그 질문에 이 PD는 "무슨 말씀을 하시는 거죠? 펭수는 펭수입니다"라는 정색을 담은 답변을 했더랬다.

펭수

출처: EBS

뭣 모르는 기자의 세계관이 붕괴될 뻔한 질문에 맞서는 현명하고 단호한 답변이었다. 재밌는 상황이란 생각에 기사 마지막에 해당 문답을 그대로 담았더니 기사가 나간 후 일부 펭수 팬들로부터 왜 그런 몰상식한 질문을 한 것이냐는 진지한 항의를 받았다. 난 당시 세계관을 건드린 것이다. 이 책을 빌려 항의한 독자에게 전한다. 펭수의 확고한 세계관에 대한 '우문현답' 유도 질문이었다고.

펭수는 세계관 훼손을 우려해 국정감사 출석도 거부한 바 있다. 2020년 이슈만 된다면 누구든 멱살을 잡아서 끌고 나오는 분위기의 국감에서 한 국회의원이 펭수의 출석을 요구했다. 제작진은 스케줄을 이유로 들며 거절했고 "자칫 국정감사 출석으로 인해 펭수를 펭수답게 하는 세계관과 캐릭터의 신비감에 손상을 줄 것을 우려하는 콘텐츠 전문가들과 시청자들의 의견이 다수 접수된 바 있다"라면서 "펭수 캐릭터의 향후 국내외 경쟁력 확보를 위해 세계관의 일관성과 신비감이 지켜져야 하는 점을 널리 이해해달라. 해당 의견은 출연자 펭수 본인과 협의해 작성됐다"라는 답변을 전했다.

세계관이 이렇게 중요하다. 이제는 많은 분야에서 빼놓을 수 없는 것이 세계관이 되었지만, 아이돌 업계만큼 세계관이 급성장하고 또 중요해진 분야도 없다. '아이돌은 판타지다'라는 말이 있다. 고단한 현생(현실)을 잊고 잠시나마 꿈과 환상으로 내 마음을 치유해주는 것이 바로 아이돌의 첫 번째 존재 이유이기 때문이다. 현실에서 벗어난 그들만의 세계관이 존재하는 것은 어쩌면 당연한 일인지도 모른다.

아이돌은 잘생긴 '이미지'에서 '세계관' 빌드로

1세대 아이돌은 '청순가련' 혹은 '귀여움', '강인함', '상남자', '걸크러시' 등 한 앨범에 해당하는 이미지나 콘셉트 정도만 정하고 활동을 했다. 앨범이 나올 때마다 콘셉트는 달라졌다. 걸그룹이라면 신인 시절에는 청순을, 연륜이 쌓이면 섹시나 걸크러시 콘셉트로 가는 것이 수순이었다.

당시에는 앨범이나 싱글의 노래와 퍼포먼스만 좋으면 시선을 끌고 인기를 얻을 수 있었다. 그렇기에 노래 콘셉트만 정하고 그것에 맞게 헤어나 의상 정도만 챙겨서 그룹의 색깔 혹은 분위기만 내는 것에 그쳤던 것이다. 아이돌 업계에 세계관이라는 단어조차 희박한 때였다. 그저 핑클은 '요정'이며 H.O.T.는 '10대들의 대변인' 정도가 세계관이라면 세계관이었을까?

2세대 아이돌 역시 그룹 전체를 아우르는 이렇다 할 세계관은 전무했다. "동쪽에서 신이 일어난다"라는 뜻의 동방신기가 아마도 세계관에 시동을 건 시도라고 볼 수 있겠다. 멤버들은 예명과 본명을 함께 붙여 네 글자 이름으로 활동했다. 유노윤호, 영웅재중, 믹키유천, 최강창민, 시아준수에게 하이틴 팬덤은 열광했고 중장년층은 "율곡 이이처럼 호를 붙인 것도 아니고 이름이 왜 네 글자야?" 하고 의아해할 따름이었다. 당시에는 지금과 같이 촘촘한 세계관을 그룹에 부여하지 않았으나 하나의 앨범 안에서 스토리로

묶을 수 있는 구성을 본격적으로 시작한 때이긴 했다. 이후 관련 내용을 기술하겠지만 지금 생각해보면 SM만큼 세계관에 진심인 아이돌 엔터테인먼트사도 없었던 듯하다.

3세대 아이돌 때부터는 본격적으로 데뷔와 함께 세계관을 들고 나왔다.

세계관은 K팝 팬들 사이에서 좋아하는 아이돌의 음악에 담긴 철학, 서사, 연속성 있는 스토리 등을 통칭해 이르는 말이다. 아이돌 세계관은 팬들의 재미를 유발하는 동시에 세계관을 공유한다는 친밀감을 형성하는 주요소가 되면서 아이돌 그룹의 대표적 성공 요인 중 하나로 꼽히고 있기도 하다.

그룹 B.A.P는 멤버가 외계인이라는 파격적인 설정으로 등장하면서 세계관을 설명하는 '자컨(자체 콘텐츠)'도 만들어 공개했다. 멤버들에게 '외계인의 지구 정복'이라는 미션을 제시함과 동시에 '아이돌의 자격'을 갖추기 위한 외계인 군단만의 독특한 시각과 노력을 리얼리티와 시트콤의 형식으로 보여주었다. 아이돌이 갖춰야 할 외모의 조건, 팬클럽 모으기, 체력 측정 테스트 등 다양한 에피소드들이 독특한 내레이션과 애니메이션 효과를 탑재해 공개됐다.

당시만 해도 아직 아이돌 세계관 역사의 초입이었던 때디. 선구자는 늘 외로운 길을 걷는 법이랄까. 그들을 바라보는 대중의 시선은 어리둥절

그 자체였다. 외계인이라는 설정이 과하다는 이유로 때로는 이들의 다양한

시도가 일반 대형 커뮤니티 유머 게시판을 장식하는 비운을 맛보기도 했다.

엑소(EXO)의 세계관

동방신기로 세계관의 맛을 살짝 본 SM이 본격적으로 아이돌 세계관을 앞세워 2012년에 데뷔시킨 그룹이 바로 엑소(EXO)다. 엑소 멤버 모두가 초능력자라는 세계관이라서 곡의 판타지적인 분위기, 가사, 안무, 멤버들의 포지션과 이미지 메이킹, 의상까지 모두 세계관을 고려해 탄생됐다.

그룹 엑소는 초능력 세계관을 갖고 있다.

출처: SM엔터테인먼트

엑소의 세계관은 이렇다. 태양계 외행성을 뜻하는 엑소플래닛(Exoplanet)에서 온 엑소는 '미지의 세계에서 온 새로운 스타'라는 의미가 있다. 전체적으로는 기억도 초능력도 잃은 채 지구에 오게 된 외계인인 그들이 힘을 되찾고 적을 물리치는 스토리를 다룬다. 멤버 카이는 순간 이동 능력이 있고 백현, 세훈, 수호는 각각 빛, 바람, 물을 다루는 등 각자 다른 초능력을 갖고 있다. 또한 멤버들을 평행 세계에 존재하는 EXO-K와 EXO-M으로 나누어 쌍둥이라는 설정이다. 이들은 서로 대칭을 이루며, 각각 페어를 이룬다. 서로 다른 나라에서 다른 언어로 같은 노래를 부르고 같은 춤을 춘다. 그래서 그들의 노래에는 평행세계를 암시하는 안무와 대칭성을 이루는 안무가 많았다. 데뷔한 지 10년이 넘은 그룹임에도 여전히 풀리지 않은 떡밥이 많이 남아 있다고 한다.

이제 아이돌 업계에서 세계관이 없는 신인 그룹은 데뷔를 하지 못하는 지경에 이르렀다. 어느 날 신문에 문화 칼럼을 연재하던 작가 겸 평론가가 갑자기 대형 엔터테인먼트로 취직을 했다는 소식이 들렸다. 작가가 아이돌 소속사라니? 무슨 일인지 궁금해서 물어보니 "새로 데뷔하는 소속사 신인의 세계관을 짜주기 위해 계약을 했다"라는 것이었다.

세계관이 심오하고 촘촘하고 또 정교할수록 팬들은 더 열광한다. 팬들은 그룹 세계관의 레퍼런스나 의미, 상징성을 공부하고(실제로 깊디깊은 세계관을 노래 한 곡으로는 미처 설명할 수 없어 세계관을 설명하는 콘텐츠를

따로 만든다.) 뮤직비디오나 앨범에 포함된 세계관 관련 오브제들을 찾아

퍼즐을 풀듯 즐긴다. 상황이 이렇다 보니 세계관이 어려울수록 나와 아이돌

만이 공유할 수 있는 비밀스러운 연결고리가 생긴 것 같은 느낌이 든다.

그래서 세계관은 충성스러운 팬을 만드는 기폭제가 되기도 한다. 유수의

해외 언론은 K팝의 장르적 특성으로 세계관을 연이어 꼽았다.

K팝 그룹들의 세계관을 살짝 엿보자. 그룹 온앤오프는 안드로이드인

멤버들이 시간 여행을 하는 세계관이며, NCT는 멤버들이 '꿈'을 통해 서로

공감하고 음악으로 하나가 된다는 세계관이다. 그룹 드림캐처는 악몽을

잡아주는 꿈의 요정들이다.

세계관 정립에 큰 공을 들인 그룹 '이달의 소녀'.
그래서일까? 해외 팬들이 많다.

출처: 블록베리크리에이티브

'논문급 세계관'으로 아이돌 세계관의 끝판왕이라 불리던 그룹 이달의 소녀는 사실 아무리 세계관을 살펴봐도 무슨 이야기를 하는지 잘 모르겠다는 것이 솔직한 심정이다. 아마도 내가 이미 세계관의 주 소비층인 젠지세대 문화에서 많이 떨어진 세대이기 때문인 것 같다. 간단하게 설명하자면 그들은 일명 '루나버스(LOONAverse)'라는 독자적 세계관을 만들었고 멤버와 멤버 유닛마다 색, 동물, 과일, 사물이나 특정 날짜 등 다채로운 요소를 통해 관계성을 만들고 있다.

해석도 어려울 정도로 이제 아이돌 그룹의 세계관은 판타지 전문 작가가 아니면 쉽게 만들 수 없는 정교한 스토리가 되었다. 이들 세계관은 지적 재산권이 되어 향후 웹툰, 웹소설, 영화, 드라마까지 확장성을 가질 수 있어 엔터테인먼트 측에서는 수익 면에서도 결코 놓칠 수 없는 지점이다.

음악 스타트업 스페이스오디티는 팬들의 투표를 통해 '올해를 빛낸 케이팝 수록곡', '앨범 디자인', '세계관 기획' 등 10선을 선정해 발표한다. 4세대 걸그룹 아이브, 뉴진스, 르세라핌, 엔믹스 등은 물론 엔시티, 세븐틴, 스트레이 키즈, 투모로우바이투게더 등 100여 팀의 앨범 수록곡과 앨범, 세계관이 후보에 올랐다고 발표했다. 음악 순위와 더불어 세계관 기획 순위라니 '아이돌 산업은 곧 세계관'이라는 공식은 이미 성립된 듯하다.

가사에 투영된 세계관

아이돌 팬이 아닌, 그러니까 세계관을 이해하지 않고 그냥 음악만 듣는 사람은 한국어로 된 곡을 들어도 그 내용을 알 수 없을 때가 많다. 한국어 가사인데 한국어로 이해할 수 없는 황당한 경우다. 그 이유 중 하나가 그룹 고유의 세계관 속에서 철저하게 계산되어 곡의 가사가 붙여지기 때문이다. 가사의 스토리성이나 완결성은 굳이 갖추지 않는다. 세계관만 연결하면 그 가사는 팬들에게 일명 '먹히는 가사'가 되기 때문이다.

한 언론 매체 인터뷰에서 엑소의 곡 작사를 맡아온 황유빈 작사가는 아이돌 곡 가사와 일반 곡 가사의 차이를 이렇게 말했다.

"아이돌은 세계관이 중요한 것 같아요. 개인적으로 아이돌 가사를 참 좋아해요. A&R 팀에서 세계관을 만들고 그에 걸맞은 가사를 구현하면 짜릿해요. 정해져 있는 세계관을 내가 살아 있도록 만드는 작업이 너무 재미있거든요. 일반 가수는 세계관보다는 개인의 상황, 감정을 이야기하는 경우가 많아요. 개인사일 수 있고, 보통의 일상일 수도 있고요. 제안을 할 때 방향을 제시해주시는데, 하고 싶은 이야기를 제가 대신 해주는 하나의 기획자라고 볼 수도 있을 것 같아요."

황 작사가가 가장 아끼는 곡은 2017년 발표된 엑소의 '전야'라고 말한다.

똑바로 봐 What's the situation

당황한 너의 시선 너머

끝내 무너지는 성벽

차츰 밝아오는 새벽 Yeah uh

끝없이 이어지고 있어

무딘 칼날 끝에 잘라내지 못해

'전야' 가사 일부다. 가사만 보면 중세 판타지 드라마의 한 장면이 연상된다. 황 작가는 이 곡을 두고 SM엔터테인먼트와 처음 작업하면서 서사가 탄탄한 가수의 세계관이 어떻게 성을 쌓아가는지 많은 걸 배운 곡이라고 말했다.

"구축하고자 하는 내용, 아티스트 이미지에 저의 생각을 더해 표현했어요. '전야'는 가사 한 줄도 허투루 쓴 부분이 없습니다. 한 줄 한 줄 메시지를 다 담아낼 수 있단 걸 피부로 체감했어요."

아이돌 그룹의 가사는 어떻게 쓰일까? 작사가들은 먼저 해당 그룹이 지닌 세계관의 흐름을 이해하고 공부한다. 회사 측에서 곡의 방향성, 레퍼런스, 콘셉트를 많이 제시해준다. 완성된 가사 또한 회사와 멤버들과 상의를 거치고 피드백을 받아 수정을 한다. 유독 아이돌 곡 작사에 멤버들의 이름이나 다양한 다수의 사람들 이름이 실려 있는 이유가 이 때문이다.

일반적인 곡보다 작사하기 쉽지 않은 이유도 여기에 있다. 일반 발라드 가사라면 감정이나 감성에 집중해 쓰면 되지만, 아이돌 곡의 경우 단어 하나하나에 세계관을 넣지 않으면 안 된다. 계산이 많이 필요한 작업이다.

글로벌 정상을 찍은 BTS의 세계관으로 시작

　명실상부 '글로벌 넘버 원 보이그룹' 방탄소년단(BTS)도 당연히 세계관을 갖고 탄생했다. 어쩌면 세계관을 완성하고 그 안에서 성공을 거두었다고 할 수 있다. BTS의 세계관은 '불행한 청춘들의 성장과 치유에 대한 이야기'다. 누구나 유년기를 겪고 많은 고민을 하면서 성장한다. 성장 과정에는 고통이 따르고 아픈 만큼 성숙해지기도 한다. 하지만 결국 성장하고 또 성공하게 되면 그 과정은 모두 아름다운 추억이 된다.

　BTS의 팬들은 아픈 유년기와 성장통을 거쳐 찬란한 현재를 맞이하기까지 모든 과정을 스타와 함께했다. 같이 역사의 주인공이 된 것이다. 따라서 팬 자신이 응원했던 BTS가 세계 최고로 성장하는 원동력이 되어 BTS의 절대적인 지지자가 될 수 있었고 결과적으로 아미 또한 승리자가 되었다. BTS의 세계관은 누가 들어도 가슴 뿌듯하고 흥분된다. 또한 '충성 팬덤이란 자고로 주인공의 불행과 역경 속에서 피어난다'는 공식을 그대로 따랐다. 이런 세계관은 실제로 그들이 대형 기획사가 아니라 프로듀서 방시혁이 차린 중소기획사에서 일명 '중소돌'로 시작한 후 고난과 역경, 경제적 어려움 때로는 인종차별을 겪으며 세계 최고의 보이그룹이라는 성장의 끝이 실현되면서 꽃을 피운다. 그래서 그들의 세계관은 화양연화다. 팬들이 그들의 암울한 세계관과 지금 모습 사이에서 격세지감을 느끼며 더욱 열광하고 충성하는 이유다.

BTS의 세계관으로 이어지는 앨범은 크게 데뷔 직후의 '학교 3부작' 앨범 '2 COOL 4 SKOOL', 'O!RUL8,2?', 'Skool Luv Affair' 그리고 정규 1집 'DARK&WILD'로 시작해 '화양연화' 시리즈, 'WINGS' 시리즈, 'LOVE YOURSELF' 시리즈, 'MAP OF THE SOUL(MOTS)' 시리즈이다.

데뷔 초기인 학교 3부작에서는 10대의 '꿈', '희망', '사랑'을 주제로, 직접 쓴 가사에 사회적 이슈들을 녹여냈다. 'LOVE YOURSELF' 시리즈가 마무리될 때만 해도 학교 3부작과 BU(BTS Universe) 사이 뚜렷한 연관성이 드러나지 않았으나, 'MOTS' 시리즈 이후 관련성이 점차 뚜렷해졌다.

세계관 속에서 멤버들은 학교 안에서 만나 어울리던 형, 동생들로 캐릭터화한다. 세계관 속에서 각 멤버의 상황은 암울하기 그지없다. 실제 방탄소년단의 일곱 멤버들은 지극히 정상적인 가정에서 티끌 하나 없이 밝고 명랑하게 성장했다는 점이 오히려 더 이들에게 불행 서사를 부여한 것이 아닌가 하는 생각이 들 정도로 세계관에서는 가혹한 설정들이 난무한다.

넷마블에서 공개된 그룹 방탄소년단 세계관 스토리

그룹의 맏형 진은 교장에게 친구들의 비행을 밀고하고 타임루프의 주체가

되어 떠돈다. 슈가는 음악을 좋아하지만 화재로 사망한 어머니에 대한 트라

우마로 피아노를 칠 수 없는 소년이다. RM은 가정을 부양하기 위해 공부를

포기하는 소년가장이고, 제이홉은 놀이공원에서 어머니로부터 버림받고

PTSD와 기면발작증을 앓고 있다. 지민은 초등학생 때 풀꽃 수목원에서 겪은

트라우마로 불안과 우울감에 시달린다. 뷔는 알코올중독 아버지에게 학대

받는 누나를 구하려다가 아버지를 살해한다. 정국은 엄마의 재혼 가정에서

겉돌다 마음 둘 곳을 찾지 못하고 방황한 끝에 극단적 선택을 시도한다.

다시 강조하지만 실제가 아닌 '세계관' 이야기다.

현실과 괴리가 크면 세계관은 붕괴한다

사실 BTS의 불행 세계관은 이제 '붕괴되었다'고 봐도 무방하다. 방탄소년단이 글로벌 정상에 서고 국내 가요사에서 상상할 수 없었던 스포트라이트를 받으면서(아마 소속사 빅히트도 예상치 못한 성장이었을 것이다.) 실제 멤버들이 '글로벌 슈퍼스타'가 되어 젠지세대 영&리치의 대표 주자가 되었으니 세계관 자체가 현실과 너무나 큰 괴리감이 드는 것이다.

게다가 멤버 본체들이 각자 활동을 선언하고 세계관의 주인공들보다 존재감이 월등히 커진 지금은 그 어떤 스토리텔러가 와도 이들의 세계관을 마무리 짓지 못할 것으로 예상된다. 게다가 이미 세계관 따위 상관없어진 대다수의 충성 팬들도 굳이 불행 범벅인 세계관이 멤버들의 이름으로 웹툰이 되거나 영상화되는 것을 바라지 않고 있다.

그러나 방탄소년단의 불행한 세계관을 제외하더라도 앨범에서 앨범으로 이어지는 메시지와 세계관은 현실과 빗대어 주목할 만한 가치가 있다.

하나금융투자 이기훈 애널리스트가 작성한 '빅히트 기업 보고서'에 따라, 방탄소년단의 빌보드 수상 소감에서 UN 연설까지 이어진 "Love Myself" 발언 그리고 2017년 5월 빌보드 뮤직 어워드 수상 소감에서 "Remember. Love Myself, Love Yourself" 언급 이후 'Love yourself' 앨범 시리즈 발매를 눈여겨봐야 한다.

'기승전결' 앨범은 과거를 외면하지 않고 나 자신을 사랑하자는 'Answer: Love Myself'로 끝나고, 곧바로 2018년 9월 UN에서 전 세계 어린이들을 폭력에서 보호하는 'LOVE MYSELF'를 주제로 하는 BTS의 연설이 시작된다. 그리고 연설의 제일 마지막인 'Speak Yourself'가 바로 2019년 글로벌 투어의 타이틀이다.

또한 애널리스트는 "서사의 가치가 곧 위버스의 가치"라며 "BTS의 메시지는 세계관에서 현실까지, 데뷔 앨범부터 '맵 오브 더 소울(MOTS)'까지 오래도록 이어진 서사의 결과물이며, 이들의 음악은 매번 신작과 구작이 만나 콘텐츠의 확장을 반복하는 시리즈물"이라고 분석했다.

이를 통해 IP의 가치는 수명이 더욱 길어지고 가속화되며, 세계관에서 파생된 다양한 2차 판권 매출(더 노트, 캐릭터, 게임, 웹툰 등)과 콘서트 없이도 팔리는 굿즈(MD) 매출로 이어진다.

애널리스트는 세계관이 곧 위버스의 가치로 이어진다며 빅히트 엔터테인먼트의 향후 기업 가치를 예측했다.

세계관에 가장 진심인 SM

국내 엔터테인먼트사 중에서 세계관을 본격적으로 그룹에 심고 또 가장 세계관에 진심인 소속사는 바로 SM엔터테인먼트다. 세계관 전담 부서가 있을 정도인데, 그 세계관이란 BTS처럼 불행한 가정사를 배경으로 하는 것이 아니라 아주 우주적이고 판타지하고 또 예술적이다.

SM은 앞서 언급한 그룹 엑소가 데뷔하면서부터 본격적인 세계관을 세웠다. SM의 세계관은 성격이 약간 특이하다. 팬들 사이 '엑소학'이라 불릴 정도로 웅장했던 이들의 세계관 규모는 데뷔도 하기 전에 무려 23개의 티저 영상이 필요할 정도였다. 생명의 나무와 두 개의 태양 그리고 평행우주를 사이에 두고 존재하는 열두 개의 전설을 중심축으로 삼은 이들의 세계관 안에서 멤버들은 일식과 월식, 초능력 등 초자연적인 힘을 얻었다.

에스파의 멤버는 4명이지만 8명이다. 세계관에 아바타 개념을 넣었다.

출처: SM엔터테인먼트

해당 세계관은 정리된 활자를 넘어 음악, 이미지, 영상 등 이들이 만들어 낼 수 있는 거의 모든 종류의 콘텐츠에 적용되었다. 멤버들이 실제로 군 입대를 하거나 탈퇴를 하는 등 세계관이 붕괴될 위험에 처하자 이에 굴하지 않고 새로운 개념 'X-엑소'를 만들어 앨범 'OBSESSION'에 적용했다. 둘로 나뉜 한 멤버의 자아 대결을 주요 테마로 삼은 'EXODEUX' 프로모션은 다소 축소된 팀 전력에도 불구하고 팬들에게 흥미를 유발하며 화제를 모았다. 그렇게 엑소는 10년간 꾸준히 세계관 떡밥을 무한 생성 중이다.

SM이 내놓은 4세대 걸그룹 에스파는 아바타 개념까지 끌고 왔다. 에스파의 멤버는 4명이지만 사실은 8명이다. 실제 사람인 카리나, 지젤, 윈터, 닝닝과 아바타인 ae-카리나, ae-지젤, ae-윈터, ae-닝닝으로 이루어져 있다. 'ae(아이)'는 인간의 데이터로 만들어진 존재다. 에스파는 가상현실 속 또 다른 나(ae)와 싱크, 즉 연결을 통해 교감하여 친구가 될 수 있으며 깊은 교감을 나눌 수 있는 친구가 되면 MY라는 호칭이 붙는다. ae라는 존재들은 광야라는 공간에 살고 있다.

SM '광야'는 무엇인가

5월 발표한 에스파의 곡 '넥스트레벨(Next Level)' 뮤직비디오 1분 23초 부분에는 '광야(Kwangya)'가 숫자로 된 좌표와 함께 등장한다. 좌표는 '37°32'40.2"N / 127°02'40.0"E'라는 위경도로, 실제로 이곳을 찾아보면 서울 성수동 SM엔터테인먼트 신사옥 건물 위치이다.

즉 '광야'는 SM 아티스트들이 모이는 무한한 상상의 공간으로, SMCU 세계관의 중심을 뜻하는 것이다. SM의 세계관은 그룹별로 만들어지기도 하지만 하나의 개념이 되어 SM 유니버스가 되기도 한다. 다음은 그룹 NCT 가 2020년 발매한 음반 'NCT 2020: 더 패스트 앤 퓨처–에테르'의 가사다.

무의식의 세계는 의식의 세계의 '나'에게만 반응하는 요소들인 사건,
감정들이 걸러져 만들어졌다. 우리는 이것을 '광야'라고 부르며
이는 무의식의 바다인 '에테르'에서 여과하여 창조됐다.

팬들은 갑자기 튀어나온 '광야'라는 단어에 주목했다. 이후부터 '광야'라는 단어가 SM 아티스트의 음반에 종종 노출되기 시작하면서 팬들의 호기심은 점점 더 부풀어 올랐다. 걸그룹 에스파는 데뷔곡 '블랙 맘바'에서 "넌 광야를

떠돌고 있어"라고 노래했다. 2021년 발매한 '넥스트 레벨'에서도 광야를 언급했다. 에스파는 광야를 떠돌았다가 광야로 되돌아가기도 한다. SM이 말하는 광야는 무엇일까? K팝 분석가들의 말에 따르면 광야는 '넓디넓은 들'이라는 사전적인 의미가 있으나 SM에서 광야는 '무정형 무규칙의 세계'를 뜻한다고 한다. 이는 메타버스와도 연결된다. 이제야 알겠다. 현실에서 K팝 지도를 완성한 SM은 메타버스에서도 K팝을 선점하고 싶었던 것이다. 광야는 SM의 자체 '세계관'인 SMCU(SM Culture Universe)의 핵심 개념이다. SMCU는 SM 아티스트의 세계관을 연결해 팬들에게 몰입과 새로운 즐거움을 주는 복합 문화 프로젝트를 말한다.

실제 SM에서는 VFX 및 가상현실, 버추얼 스튜디오 등을 활용한 사업을 '광야 프로젝트'라고 부른다. 디지털 메타버스 사업 확장을 통해 만화, 애니메이션, 웹툰, 모션그래픽, 아바타 등 한국 대중문화의 글로벌 확산에도 박차를 가하겠다는 원대한 계획이다.

즉 광야는 세계관의 확장이고, SM에 속한 그룹별 세계관이 하나로 통합되는 메타버스 같은 무정형의 공간이다. 무척 원대한 그림이 아닐 수 없다.

K팝의 주된 소비층은 판타지를 기반으로 한 <해리 포터 시리즈>와 '마블' 영화를 보고 자란, 그리고 게임이나 웹툰을 꾸준히 소비하는 세대

이기에 세계관에 익숙하다. 세계관과 현실 사이의 괴리가 그들에게는 없다. 다른 차원을 이야기해도 마치 현실 속 이야기처럼 자연스럽게 받아들일 수 있다. 기성세대가 본다면 생뚱맞고 이상한 이야기 같은 SM의 광야 세계관도 젠지세대에게는 낯설기보다 신기하고 재미있고 호기심이 가득한 세계로 다가온다. 어딘가에 제작자가 숨겨놓은 '떡밥'을 발견하고 이를 풀었을 때 희열을 느끼는 즐거운 놀잇거리로 작용하는 것이다. 세계관을 메타버스와 함께 상업적으로 연결하고자 시도하는 SM의 전략이 매우 영리하다는 생각이 들 뿐이다.

세계관은 돈이 된다

앞서 언급했던 엔터테인먼트사가 세계관을 놓칠 수 없는 이유는 그것이 IP가 되어 사업에 확장성을 갖게 하고 또 다른 수익 창출을 일으키기 때문이다. 세계관 IP 기반 사업 분야에서 가장 활발히 성과물을 내놓는 곳은 방탄소년단, 투모로우바이투게더, 엔하이픈 등이 소속된 하이브다. 하이브와 네이버 웹툰이 합작한 방탄소년단 IP 활용 웹툰과 웹소설 <세븐 페이츠: 착호>는 2022년 1월 15일 공개 이후 이틀 만에 누적 조회 수 1,500만을 넘어섰다. 2월 11일에는 방탄소년단 멤버 정국이 노래하고 슈가가 프로듀싱한 웹툰·웹소설 OST 'Stay Alive'가 전 세계 음원 사이트에 공개됐는데, 이 곡은 역대 솔로곡 사상 최단 시간에 100개국 아이튠즈 톱 송 차트 1위를 차지하는 신기록을 세웠다.

<세븐 페이츠: 착호> 이후 공개된 엔하이픈 IP를 활용한 작품 <DARK MOON: 달의 제단>과 투모로우바이투게더의 <별을 쫓는 소년들>도 연달아 인기몰이 중이다. 하이브는 방탄소년단이 개발에 참여한 게임도 선보였다. 세계관 활용을 통해 기존 팬들의 충성도를 높이고 다른 형태의 콘텐츠로 새로운 팬의 유입도 도모할 수 있다.

SM엔터테인먼트도 마찬가지다. 광야를 통해 마치 '마블 시네마틱 유니

버스(MCU)'처럼 'SM 컬처 유니버스(SMCU)' 세계관을 내세워 메타버스 분야에서 앞서가고 있다. 2020년 JYP와 온라인 전용 콘서트 전문사 '비욘드 라이브코퍼레이션(BLC)'을 설립한 SM은 2022년 새해 첫날 무료 메타버스 콘서트를 열었다. 가상의 공간 '광야'를 배경으로 소속 가수 전체가 'SMCU 익스프레스 스테이션'에 모인다는 콘셉트였다.

세계관과 세계관의 융합

다양한 산업 분야에서도 아이돌 세계관을 차용하기 시작했다. 웹툰, 웹소설은 1차적인 활용이고 아이돌 세계관을 그대로 차용한 광고도 등장하기 시작했다. KB국민은행은 에스파와 광고 모델 계약을 맺고, 현실 세계 멤버 4인조와 각각의 아바타 '아이(ae)'로 현실과 가상의 경계를 초월한 모티프를 광고에 그대로 심었다. 당시 KB국민은행 관계자는 에스파 광고 모델 선정 이유를 설명하면서 "Z세대의 미래 금융 세상은 디지털을 통한 혁신과 시공간을 초월한 끊김 없는 금융 서비스"라며 "KB의 디지털 혁신 의지를 가장 잘 표현할 수 있는 모델이었다"라고 설명했다.

KB국민은행 측은 세계관을 이용한 'KB와 에스파의 만남'이라는 티저 영상도 공개했다. 해당 영상은 에스파가 가상세계를 통해 KB 디지털 세계로 건너가 메타버스에서 활약 중인 ae-에스파를 소환해 다 함께 미래 금융 세상을 만들어간다는 이야기다. 영상은 2023년 기준 조회 수 약 748만 회를 기록해 금융 소비자의 높은 관심을 보여주고 있다.

이 외에도 KB국민은행은 에스파와 함께 웹드라마 '광야로 걸어가(KWANGYA)'를 제작하는 등 다양한 마케팅 활동에 세계관을 활용했다. 해당 콘텐츠는 에스파가 직접 출연한 티저 영상을 시작으로 본편 4회, 번외편 등 총 7개 영상으로 구성됐다. 공개 한 달 만에 조회 수 약 1,000만 회를 돌파한 것으로 알려진다. 아울러 유튜브 영상 핵심 지표인 '좋아요' 수도 2만여 건 이상을 기록하는 등 MZ세대 팬덤을 이끌어냈다는 게 은행 측의 설명이다.

또한 SM은 촘촘하게 만들어 빌드업한 '광야' 세계관을 두고 본격적인 수익 행보에 나섰다. '광야' 세계관으로 에버랜드와 협업해 프로젝트 '에버 에스엠타운(EVER SMTOWN)'을 시작한 것이다. '에버 에스엠타운'은 SM의 세계관 'SMCU(SM Culture Universe)'를 결합한 체험 콘텐츠다.

허리케인, 범퍼카, 아마존 익스프레스, 뮤직가든 등 에버랜드 내 주요 지역에 증강현실(AR), 영상, 포토존 등 다양한 디지털 기술을 접목해 놀이 기구를 타거나 정원을 거닐며 SM의 세계관을 경험할 수 있게 했다.

또한 SM 아티스트의 기존 상품과 에버랜드 컬래버레이션 굿즈를 구매할 수 있는 '광야@에버랜드'는 오픈 당일인 14일 입장을 시작하자마자 약 1,000여 명이 몰리며 반나절 만에 당일 판매 수량이 소진되었다.

SM은 '광야@에버랜드'에 이어 SMCU를 경험할 수 있는 자체 복합 문화 공간 '광야@서울(KWANGYA@SEOUL, SM 성수동 사옥)'을 오픈하기도 했다.

트로트 세계관, 송가인과 임영웅

평생 바뀌지 않을 것 같았던 트로트계 판도가 송가인, 임영웅이 등장하면서 싹 바뀌었다. 두 사람은 트로트 역사에 한 획을 긋고 있다 해도 될 정도로 큰 변화를 가져왔다. 아이돌 업계처럼 열성 팬덤 문화가 생겼고, 젊은 트로트 가수들의 다양한 미디어 노출로 세대 간 극명하게 호불호가 갈렸던 트로트라는 장르가 확장성을 갖게 됐다. 유독 송가인과 임영웅이 트로트 판도 변화에서 선두에 선 이유는 무얼까? 두 사람의 서사, 즉 세계관이 뚜렷하기 때문이다.

송가인은 전남 진도 출신으로 어머니 송순단 씨는 국가 지정 무형문화재 제72호 진도씻김굿 전수교육조교이면서 무속인이기도 하다. 송가인은 중학교 2학년 때 판소리를 시작해 광주예고를 거쳐 중앙대학교 국악대학에서 음악극을 전공했다. 2008년 전국판소리대회 대상, 2010년·2011년 문화관광부 장관상을 2회 연속 수상했고 전국노래자랑 진도군 편에서 최우수상을 받았다. 그러던 어느 날 가요계 관계자가 연락을 해와 트로트 가수로 전향하게 됐는데 그 여정이 결코 만만치 않았다고 한다.

송가인은 서러운 무명 생활을 견디며 버텨도 노래가 히트하지 않자, 판소리를 하던 시절 익힌 비녀 만들기로 생활고를 이겨내기 시작했다. 그러다가

2019년 상반기 TV조선 <내일은 미스트롯>에 출연해 초반부부터 압도적인 우승 후보로 인기 몰이를 했고, 마침내 우승하여 미스트롯 진이 되었다. 송가인의 노래를 들어보면 저음부터 고음까지 가리지 않고 파워풀한 소리를 내며, 판소리 전공자다운 묘한 허스키 보이스가 섞여 있어 남자 가수의 노래를 커버할 때도 독특한 매력을 준다.

송가인의 부모님이 여전히 살고 있는 진도 집은 '송가인 생가'로 유명세를 타면서 자체적인 관광 명소가 됐다. 팬들은 송가인은 없지만 송가인의 서사와 세계관이 고스란히 묻어 있는 생가를 방문해 그의 흔적을 찾고 있다.

임영웅은 경기도 북부 시골마을에서 어려운 가정환경 아래 성장했다. 홍콩 영화 <영웅본색>을 좋아했던 아버지가 '세상을 구하는 영웅, 우리의 영웅'이라는 의미를 담아 그의 이름을 지었다. 그러나 아버지는 임영웅이 5살 때인 1995년에 사고로 별세했다. 임영웅은 미용실을 운영하는 홀어머니와 함께 쉽지 않은

이제 트로트 가수도
세계관이 필요한 시대다.

출처: 물고기뮤직

어린 시절을 보냈다. 그런 그가 드라마틱하게도 TV조선 <내일은 미스터트롯>에서 두각을 보였고, 결승전 생방송이 진행된 날은 아버지의 기일이었다고 전해진다. 팬들이 보면 가슴을 울리는 서사이자 세계관이다.

최근에는 가수 임영웅이 자란 경기도 포천시 소흘읍 고모리 일원에 '임영웅 트롯거리'와 마을이 생긴다는 소식이 들려왔다. 시가 추진하는 임영웅 트롯마을에는 전문가 음악 녹음실과 일반인 셀프 녹음실, 개인 방송국 시설 등이 들어서며 음악 관련 전문가 및 VR/AR 전문가들이 모여 트로트 생산 기지 역할을 하게 된다. 또한 트로트 힐링 감성을 느낄 수 있는 임영웅 트롯거리를 조성하고, 팬클럽 회원과 일반 팬이 함께 만들고 운영하는 시스템을 갖출 계획이다. 이 외에도 미니 트롯박물관 조성, 트로트 관련 행사, 트로트 유튜브 제작 경연 등도 이뤄져 K-트로트의 부흥을 이끈다. 임영웅의 세계관을 적극 활용한 지역 관광 명소인 것이다.

03.

슈퍼 IP 콘텐주로
세계관 빌드업!

팬데믹과 메타버스를 통해 상상력과 창의력을 갖춘 사람들에게 또 한 번의 르네상스 시대가 열렸다. 때마침 대한민국의 콘텐츠가 세계적으로 주목받고 있으니 가장 한국적인 것을 가장 세계적으로 홍보할 수 있는 기회가 온 셈이다. 한국인의 개성과 창의성을 자유롭게 발현하는 것이야말로 부의 축적 기회를 시의적절하게 제대로 활용하는 일이다.

피렌체에서 활동하던 르네상스 시대의 천재들은 예술의 본질, 인간의 본질을 구현하기 위해 노력했다. 현대, 인공지능 시대, 메타버스의 시대의 르네상스는 인간의 본질, 인간이 필요로 하는 것, 인간만이 가지고 있는 것 그리고 인간이 표현하고 싶어 해온 것을 마음껏 표현하고 공유할 수 있는 초연결성을 근간으로 촉발된다.

2009년 개봉한 영화 <아바타>의 후속작 <아바타: 물의 길>의 제임스 카메룬 감독은 자신이 중요하게 생각하는 가족, 영화, 바다를 믹서에 넣고 돌리면 <아바타: 물의 길>이 된다고 설명했다. 인간의 상상력을 극상으로 발휘한 하이콘셉트 콘텐츠가 어떻게 만들어지는지를 아주 이해하기 쉽게 설명한 것이다. 제임스 카메룬 감독은 <아바타>가 세상에 나온 2009년 당시에도 15년 전에 쓴 시나리오를 기술적인 한계로 영화화하지 못했다는 일화를 전했다. 제임스 카메론은 특수효과 전문 기업을 만들 정도로 VFX 기술을 발전시키는 데 열심이었다. 2009년 당시 존재하던 모든 특수효과 기술을 모두 동원한 <아바타>가 개봉했을 때 로튼 토마토의 신선도는 100%를 기록했으며, 개봉 2개월 만에 자신이 제작한 <타이타닉>의 기록을 뛰어넘었다. 제임스 카메론의 상상력이 영화의 역사를 쓰고 있는 것이다. 스스로 자신의 상상력을 갱신하면서 극도로 끌어올린 영화 기술과 융합한 창의성은 카메론 감독의 최대 강점이다.

카메론의 이런 특성은 고도의 융복합 창의성이라고 할 수 있다. 제임스 카메론은 <아바타: 물의 길>이 만들어지는 데 13년이라는 시간이 걸린 이유를 설명했다. <아바타 5>까지의 세계관 구성, 스토리 구성, 기획 등을 마무리하고 그사이 영화에 필요한 기술적인 검토를 마치는 데 13년이 걸렸다고 한다. 전문성과 대체 불가성을 가질 때 수익이 발생하고 콘텐주가 될 수 있다. 예를 들면, 새로운 문제를 발견하고 새로운 방식으로 해결하거나 감정을 이해하고 공감하여 예술 작품으로 탄생시키는 일이 그것이다.

연도	제목	제작	연출	각본	제작사	제작비	극장 흥행
1981	피라냐 2		○		–	–	–
1984	터미네이터		○	○	오리온 픽쳐스	640만 달러	7,830만 달러
1985	람보 2			○	캐롤코 픽쳐스	2,550만 달러	3억 400만 달러
1986	에이리언 2		○	○	20세기폭스	1,800만 달러	1억 8,330만 달러
1989	어비스		○	○	20세기폭스	7,000만 달러	9,000만 달러
1991	터미네이터 2: 심판의 날	○	○	○	캐롤코 픽쳐스	1억 200만 달러	5억 1,980만 달러
1991	폭풍 속으로	○			20세기폭스	2,400만 달러	8,350만 달러
1994	트루 라이즈	○	○	○	20세기폭스 /유니버셜 픽쳐스	1억 달러	3억 7,880만 달러
1995	스트레인지 데이즈	○		○	20세기폭스 /유니버셜 픽쳐스	4,200만 달러	800만 달러

연도	제목	제작	연출	각본	제작사	제작비	극장 흥행
1997	타이타닉	○	○	○	20세기폭스 /파라마운 트픽쳐스	2억 달러	22억 164만 달러
2000	다크 엔젤	○		○	20세기폭스	편당 1,300만 달러	-
2002	솔라리스	○			20세기폭스	4,700만 달러	3,000만 달러
2009	아바타	○	○	○	20세기폭스	2억 3,700만 달러	28억 3,373만 달러
2019	알리타: 배틀 엔젤	○		○	20세기폭스	1억 7,000만 달러	4억 400만 달러
2019	터미네이터: 다크 페이트	○			20세기폭스 /파라마운 트픽쳐스	1억 8,500만 달러	2억 4,990만 달러
2022	아바타: 물의 길	○	○	○	20세기스튜 디오	3억 5,000만 달러~4억 달러	-

제임스 카메룬 감독의 발표작 순서

일본의 시가대학교 다케무라 아키미치 교수는 인공지능 시대에 참된 인간을 육성하기 위한 방법으로 문과와 이과를 넘나드는 융합적 사고력을 강화할 수 있도록 지원하는 것을 꼽았다. 앞서 개인적 지식에 대해 언급했듯 결국 지식 융합은 개인의 스키마 안에서 일어나야 하고, 해결이 필요한 문제를 발견하는 것도 개인의 스키마 안에서만 가능하다. 결국 개인의 특수한 재능 영역을 발견하고, 스스로 전문성을 키우도록 지원하고, 전문성이 고도화된 개인의 스키마 영역(특수 지식 영역) 안에서 창의력과 상상력을 발현하는 인간이 인공지능과 행복하게 공존할 수 있을 것이다.

스토리 발굴 측면에서 새로운 스토리는 발굴하기가 힘들고, 잘 쓰는 작가는 찾기도 어렵고, 잘 쓰고자 하는 사람이라도 성장하는 데 오랜 시간이 걸린다. '가장 개인적인 것이 가장 창의적이다'라는 말도 있듯, 작가가 가장 잘 써내려갈 수 있는 스토리는 가장 개인적인 것이다. 정말 좋은 개인의 이야기 한 작품만을 쓰고 사라지는 작가도 많다. 만일 지속적으로 써 내려간다고 해도 한 개인이 쓸 수 있는 스토리에는 한계가 있어서 많이 써내지 못한다. 좋은 스토리라고 써내더라도 다른 이들이 보기에 좋은 스토리, 재미있는 스토리라는 보장은 없기에 스타 작가라고 해서 꼭 성공하는 것도 아니다. 최근에는 이전보다 더 많은 스토리를 필요로 하고 있다. 미디어의 종류가 그만큼 더 많아졌기 때문이다. 팬덤은 월 정기구독을 하면서까지 스토리를 매일 소비하려고 한다. OTT들은 구독자들이 보이는 엄청난 기대를 좇고 새로운 스토리로 보답하지 못하면 월 구독자들을 잃는다.

<Building Imaginary Worlds>(2013)의 저자 울프(Wolf)는 세계관의 구조물(Infrastructures)을 여덟 가지 요소로 나누고 있다. 이 울프의 세계관 요소는 가장 보편적으로 사용된다.

- 지도(Map)
- 타임라인(Timeline)
- 계보도(Genealogies)
- 자연(Nature)
- 문화(Culture)
- 언어(Language)
- 신화(Mythology)
- 철학(Philosophy)

계보도는 캐릭터들을 연결해준다. 세계관 안에서 가족이나 조상, 사회, 조직 그리고 역사와 같은 더 큰 문맥에서 이해할 수 있도록 돕는다. 이는 세계의 인적 인프라가 되며, 캐릭터들의 스토리를 연결하고 이야기를 확장하는 데 필요하다. 계보도를 그릴 때에는 가계도로 부모와 자녀 조상 등을 연결해 혈통을 보여주고, 그 가문의 지식과 경험, 재산, 사회적 지위, 가계 간의 갈등 혹은 통합을 보여준다. 계보도는 차트의 형태로 만들 수도 있고, 특정 관계를 언급하면서 구성할 수도 있다. 계보도에는 등장인물의 사진이나 캐리커처, 이름, 직업, 지위 등을 담는다.

신선한 광고나 뮤직비디오, 웃기는 예능보다 사람들은 스토리가 있는 드라마를 더 오래 기억하고 열광한다. 보다 정확하게는 신선한 광고도 기억하지만 스토리나 세계관이 포함되어 있는 광고를 더 잘 기억한다. 또한 좋은 음악과 가사가 있고 화려한 영상이 담긴 뮤직비디오도 좋아하지만, 도입부터 스토리가 담긴 뮤직비디오를 더 좋아한다. 그래서 어쩌면 가요도 음악으로만 들을 때보다 드라마 OST로 들을 때 사람들이 더 오래 기억하는지도 모르겠다. 아리스토텔레스가 말했듯이 스토리를 소비하고자 하는 본능 때문에 사람들이 스토리에 열광하는 것일까?

얼마 전 가족들과 강릉에 갔을 때 일이다. 매번 들르는 횟집에서 맛있게 점심을 먹고 나오면서 근처 관광지를 찾는데 '도깨비 촬영지'가 검색되었다. 문득 궁금해져서 가보니 관광객들이 그곳에서 끊임없이 사진을 찍고 있었다. 그들은 그 장소를 통해 드라마 <도깨비>의 세계에 잠시나마 머물며 행복을 느낄 것이다.

　이렇게 세계관 스토리텔링이 중요한 이유는 독자의 관심을 유발하거나 반대로 유발하지 못할 수 있기 때문이다. 실패하는 스토리텔링의 대부분은 시청자들이 관심을 갖고 빠져들기에는 너무 작가 중심적인 세계관이거나, 진입 장벽이 높다고 여겨질 정도로 복잡하거나, 너무 평범한 세상이어서다. 이제 시청자들, 독자들은 현실을 반영하지만 분명히 보다 더 새롭고 안정되었으며 또 머물고 싶은 세상을 선택해서 머무른다.

　앞으로도 사랑받을 세계관은 작가가 원하는 세계관보다 독자가 머무르고 싶은 세계관이 될 것이다. 독자는 충분히 자기 결정적으로 콘텐츠를 고를 수 있고, 이미 수많은 콘텐츠를 봐서 안목이 높으며, 비용을 더 많이 지불하더라도 양질의 콘텐츠를 선호한다. 그래픽만 화려하든, 스토리가 참신하고 창의적이든, 사람은 보는 만큼 성장했다. 독자의 수준을 인정하고 함께 성장하는 창작자만이 미래의 콘텐주가 될 것이다.

세계관의 종류와 사례

　세계관 빌드에서 우리가 하는 일은 설정을 만드는 것이다. <반지의 제왕> 도입부를 떠올려 보면, 초반에는 프로도의 일상을 보여준다. 주인공이 사는 세상을 일상을 통해 보여주는 것이다. 초반에는 주인공의 사소한 일상 속에서 주인공의 성격, 자연환경, 현재 상황 등을 보여준다. 이와 같이 세계관을 디자인하는 것은 거창한 일이 아니다. 세계 안에서 주인공의 일상을 디자인하는 것으로 시작하면 된다. 그리고 이 세계에 변화가 오는 순간부터 이야기가 펼쳐지는 것이다. 변화가 오기 전의 세상을 충실하고 꼼꼼하게 디자인해 보여주는 것은 독자를 위한 배려다. 세계에 처음 발을 디딘 사람들을 안정적으로 천천히 초대하는 작업이다.

　울프의 세계관 이론에 따르면 1차 세계는 우리들의 일상적인 경험으로 이루어진 세계이고, 2차 세계는 일상의 경험을 벗어난 세계다. 새로운 공간, 이야기의 특이성, 시간을 뒤섞는 요소로 모든 리얼리즘을 전복시킨다. 영화는 재현을 통해 환상의 세계를 끌어온다. 탁월한 재현 능력은 현실을 인지하도록 멈추게 하는 것이 아니라, 그를 통해 다시 환상의 세계로 진입하도록 해준다. 세계관은 작품 전체를 망라하는 디테일한 설정으로 작품에 드러날 때도 있지만 드러나지 않을 때도 있다. 인간의 행동 규범의 견해를 포함해 자연,

사회 및 인간 전반에 대한 견해다. 세계관 구축(Would Building)에서 세계관
이란 시간적, 공간적, 사상적 배경을 의미한다.

세계관 구축(World Building)

신이 현실에 영향을 미치는 세계. 신은 고려의 무장 김신을 도깨비로 만들었다. 자신을 죽게 한 검을 가슴에 꽂은 채 그는 불멸의 존재로 살아간다. 천 년에 가까운 세월 동안 수많은 사람들의 죽음을 보면서 자신이 지은 죄의 무게(앗아간 생명의 무게)만큼 고통을 받는 것이 신이 그에게 내린 벌이다. 김신이 벌을 다 받고 무로 돌아가기 위해서는 도깨비 신부를 맞이해 진심으로 사랑하고, 신부가 그의 가슴에 꽂힌 검을 뽑아야만 한다.

주인공	김신	인간의 생사에 관여할 수 있는 김신이 자비로 지은탁 엄마를 살렸다. '도깨비 신부'가 나타나 무로 돌아가야 벌이 끝난다.
	지은탁	도깨비 신부(소멸의 도구). 도깨비를 진심으로 사랑하면 도깨비 가슴에 꽂힌 검을 뽑아 무로 돌아가게 할 수 있다.
시간적 배경	현재	과거의 사건이 영향을 미치고 있는 현재이다. 김신에게는 938년째 현재이고, 지은탁은 19년째 현재이다.
	과거	과거에 무수한 사람을 죽인 벌을 아직도 받고 있는 김신은 938년째 살아 있으며 스스로 죽을 수도, 타의에 의해 생을 마감할 수도 없다.
공간적 배경		도깨비 집: 벌을 받는 도깨비와 저승사자가 함께 살고 있다. 갈 곳이 없어진 도깨비 신부도 들어와 살게 된다.

사상적 배경	불교	현생, 전생, 윤회사상 불교 계율 가운데 가장 중요한 계율이 '살생하지 말라'이며, 이 계율은 인간만이 아니라 모든 생명체에 해당하는 지상명령이다. 주인공 김신이 무장으로서 전장에 나가 적을 죽인 것은 나라를 위한 일이었지만, 도깨비의 세계관이 '생은 아름답고, 생명은 소중하다'라는 주제의식을 가지고 있다는 점에서 '살생'은 죄이다. 아울러 저승사자가 된 사람들은 스스로 생을 마감한 사람들로, 망자를 인도하며 생의 소중함을 되돌아보는 벌을 받는다.
	전통	도깨비: 물체에 영혼이 깃든 점, 풍요를 부르고 팔방미인인 점, 내기를 좋아하며 장난기가 있다는 점. 삼신할머니: 생명을 점지한다. 모든 생명은 소중하기에 전장에서 수많은 사람을 죽인 김신의 죄는 그 무게가 무겁다. 저승사자: 망자를 데려간다. 1차 세계에 같이 존재하지만 그림자가 없다. '김차사'라는 모두 같은 이름을 쓴다.

〈트와일라잇 시리즈〉 세계관

　〈트와일라잇 시리즈〉도 〈도깨비〉처럼 종족이 다른 인간과 뱀파이어의 로맨스 스토리이다. 현실 속에서 일상을 벗어난 환상적인 이야기가 펼쳐지며, 대서사보다는 종족이 다른 두 인물의 로맨스, 마법의 힘을 가진 물건 중심으로 스토리가 전개되는 특성이 있다. '트와일라잇'은 밤이 오기 전 땅거미가 내리는 시간 혹은 희미하게 날이 밝아올 무렵을 뜻하는 말이다.

〈트와일라잇 시리즈〉 세계관 구성

　이에 〈트와일라잇 시리즈〉의 시간적, 공간적, 사상적 배경을 정리해보았다. 전 세계적인 히트 작품을 분석해보면서 여러분도 웹소설의 세계관을 상상해보고, 콘텐츠 작가로서 언젠가 콘텐주가 되기를 진심으로 바란다.

햇빛을 사랑하는 17세 소녀 벨라는 황량하고 비가 많이 오는 워싱턴주 포크스에 있는 아빠의 집으로 이사를 오게 된다.

시간적 배경

구체적인 공간적 배경에 비해 시간적 배경은 다소 모호하다. 〈트와일라잇〉에서 벨라가 모는 자동차가 오래된 트럭인데 1953년식이다. 또한 유선 집 전화와 스마트폰 이전의 휴대폰을 사용하는 것으로 보아 소설 및 영화에서 설정한 시간적 배경은 2000년 이전으로 보인다.

공간적 배경

포크스(Forks)는 미국 워싱턴주에 있는 작은 마을이다. 인구는 2020년 기준으로 3335명이며, 영화에서도 3100명 정도라고 설명하고 있다. 실제로도 습하고 연중 흐리며 비가 끊이지 않는 곳이다. 이 지역에서 햇빛을 보는 일은 극히 드물다. 영화 속 인물 대사 중에는 포크스 고등학교에 다니는 컬렌가 입양 자녀들 5명은 해가 비치는 맑은 날이면 온 가족이 캠핑을 가서 등교를 하지 않는다고 설명한다.

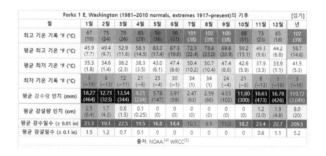

| Forks 1 E, Washington (1981–2010 normals, extremes 1917–present)의 기후 | | | | | | | | | | | | | [접기] |
월	1월	2월	3월	4월	5월	6월	7월	8월	9월	10월	11월	12월	년
최고 기온 기록 °F (°C)	67 (19)	75 (24)	79 (26)	85 (29)	96 (36)	98 (37)	101 (38)	102 (39)	100 (38)	88 (31)	73 (23)	65 (18)	102 (39)
평균 최고 기온 °F (°C)	45.9 (7.7)	49.4 (9.7)	52.9 (11.6)	58.1 (14.5)	63.3 (17.4)	67.3 (19.6)	72.3 (22.4)	73.4 (23.0)	69.6 (20.9)	59.2 (15.1)	49.3 (9.6)	44.2 (6.8)	58.7 (14.8)
평균 최저 기온 °F (°C)	35.3 (1.8)	34.6 (1.4)	36.2 (2.3)	38.3 (3.5)	43.0 (6.1)	47.4 (8.6)	50.4 (10.2)	50.7 (10.4)	47.4 (8.6)	42.6 (5.9)	37.9 (3.3)	33.9 (1.1)	41.5 (5.3)
최저 기온 기록 °F (°C)	3 (−16)	8 (−13)	12 (−11)	21 (−6)	25 (−4)	30 (−1)	34 (1)	34 (1)	24 (−4)	21 (−6)	8 (−13)	3 (−16)	3 (−16)
평균 강수량 인치 (mm)	18.27 (464)	12.71 (323)	13.54 (344)	9.21 (234)	5.78 (147)	3.91 (99)	2.47 (63)	2.59 (66)	4.03 (102)	11.80 (300)	18.63 (473)	16.78 (426)	119.72 (3,041)
평균 강설량 인치 (cm)	2.5 (6.4)	1.7 (4.3)	0.6 (1.5)	0.1 (0.25)	0 (0)	0 (0)	0 (0)	0 (0)	0 (0)	0 (0)	1.2 (3.0)	1.9 (4.8)	8.0 (20)
평균 강수일수 (≥ 0.01 in)	23.3	19.1	22.5	19.5	16.8	14.4	10.1	8.5	11.0	18.2	23.4	22.7	209.5
평균 강설일수 (≥ 0.1 in)	1.5	1.2	0.7	0.1	0	0	0	0	0	0	0.6	1.1	5.2

출처: NOAA[4] WRCC[5]

포크스라는 지역을 배경으로 설정한 것은 벨라가 원래 살고 있던 인구 155만 2259명의 피닉스와 대비되는 작은 도시이고, 부열고 몽환적인 뱀파이어 영화 특유의 분위기를 잘 표현할 수 있는 기후를 가진 곳이기 때문이다. 또한 워싱턴주에 속한 포크스에 늑대인간, 아메리카 원주민들이 살고 있다는 설정은 의외로 우리 가까이에 평범하지 않은 존재들이 살고 있을 수 있다는 세계

공간적 배경		관을 드러낸다. 또한 포크스라는 작은 동네는 타지에서 온 벨라에게 익숙하고 따뜻한 동네로 묘사된다. 미국 10대 도시 중 하나일 만큼 크고, 거의 매일 타는 듯한 태양 빛을 보게 되는 피닉스와 극명히 대비되는 도시인 셈이다. 생명력이 강한 피닉스에서 살던 벨라가 포크스에서 살게 된다는 것은 이전과는 다른 삶이 펼쳐질 것이라는 기대감을 갖게 한다. 포크스에는 아빠가 일하는 경찰서가 있고, 아빠와 30년 이상 함께 지낸 지인들이 곳곳에 살고 있다. 벨라의 어린 시절을 기억하는 동네 이웃들이 아버지와 벨라를 항상 반기고, 어린 시절 벨라의 식성까지 기억해 메뉴를 추천해주며 추억을 이야기할 정도로 따뜻한 곳이다. 아버지의 단골 식당에서는 벨라의 아버지가 목요일마다 벨라가 좋아하는 음식을 먹는다고 귀띔해줄 정도로 아버지의 사랑이 가득하다. 이러한 공간적 배경이라면 동네에서 벌어지는 작은 사건도 주인공들에게 영향을 줄 수 있는 큰 사건이 된다. 또한 벨라가 자신의 아버지를 등지고 사랑을 선택해 뱀파이어가 되는 상황에서 내적 갈등을 극대화할 수 있다. 아버지의 지인이 짐승의 습격(실제로는 타지 뱀파이어 또는 늑대의 습격)으로 죽을 때 슬픔에 잠길 수 있게 하고 적극적인 행동의 근거도 될 수 있다.
사상적 배경	뱀파이어	뱀파이어(Vampire)란 일반적으로 인간을 유혹하는 아름다운 육체를 가지고 있으며, 무덤에서 일어나 살아 있는 인간의 피를 빨아서 그 생명력을 빼앗는 죽은 자들을 일컫는 말이다. 뱀파이어가 피를 빠는 이유는 생명력의 원천인 피 속에 들어 있는 상대의 생명력을 자기 것으로 만들어 자신이 소멸하는 것을 방지하기 위해서다. 여기서 컬렌가 사람들이 동물의 피만 먹고 인간의 피를 먹지 않는다는 설정은, 이들이 인간을 진심으로 사랑할 수 있고 또 인간 세상에서 인간과 더불어 살 수 있게 해주는 설정이다. 칼라일 컬렌이 인간의 생명을 다루는 의사로 활동

사상적 배경	**뱀파이어**	한다는 설정에서도 컬렌가가 인간의 생명력을 고귀하게 여기는 뱀파이어 가문임을 알 수 있다. 에드워드와 컬렌가의 룰에 관한 설정은 〈트와일라잇〉이 여타 뱀파이어 스토리와는 다른 세계관을 구축하고 차별화된 서사를 풀어가게 하는 원동력이다.
태양 빛을 받으면 뱀파이어가 소멸한다고 하는데, 에드워드와 칼라일은 눈부시게 빛나는 피부를 가지고 있고 낮에도 활동한다. 단, 다이아몬드를 뿌린 것처럼 피부에서 빛이 난다는 차이점이 있다.
에드워드 켈렌은 벨라가 스스로 뱀파이어가 되겠다고 하는데도 끝까지 벨라의 소중한 생명을 지키려고 노력한다. 또한 벨라를 노리는 뱀파이어들 때문에 벨라를 위험에 처하게 할 수 없다며 스스로 벨라를 떠나간다. 이때 시청자들은 〈트와일라잇〉 세계관에 따라서 충분히 에드워드의 감정에 공감할 수 있게 된다.
뱀파이어는 늑대인간이나 악마 등과 혼동되기도 하는데, 늑대인간과 비교해보면 산 자와 죽은 자의 차이 및 인육을 먹느냐 피를 빠느냐의 차이가 있고, 악마와 비교하면 원래 인간이었는가 아닌가 하는 데서 차이가 있다. 늑대인간인 제이콥은 생명이 있고 살아 있다. 에드워드는 뱀파이어고 생명이 없다. 벨라는 늑대인간과 불멸의 뱀파이어 사이에서 삼각관계에 놓이고, 제이콥보다 에드워드를 더 사랑한다고 말한다.
여기서 딜레마는 산 자와 죽은 자의 선택에 관한 딜레마이기도 하다.
* 뱀파이어는 반려를 잃으면 멘탈이 붕괴된다.
	늑대인간	밤이 되면 그들은 사람 모습에서 늑대(혹은 털이 많고 두 다리로 서는 동물)로 변해 인간으로서의 이성을 잃고 포악해진다. 가축이나 인간을 습격해 그 고기를 날것으로 먹는다. 달이 차고

사상적 배경	늑대인간	기움에 따라 변신하는 능력이 좌우되기도 하며, 은으로 만든 총탄이 아니면 상처를 입지 않는다. 대체로 늑대일 때 입은 상처가 사람으로 변했을 때 확인되어 늑대인간임을 인간이 알아차리는 스토리가 포함된다.
	불멸의 아이에 관한 전설	뱀파이어를 무찌르는 능력을 가진 존재가 바로 뱀파이어와 인간 사이에서 태어난 아이이다. 반은 사람이 아닌 이 아이들은 담피르(Dhampir)라고 불리며 뱀파이어를 죽이는 능력을 가졌다는 전설이 있다. 칼라일이 극중에서 설명하는 불멸의 아이에 관한 전설은 다음과 같다. "불멸의 아이는 너무 아름다워서 가까이 가기만 해도 사랑에 빠진다. 하지만 아이가 뱀파이어로 변하는 순간 교육이나 통제가 불가능해진다. 아이는 성장이 멈추고 뱀파이어가 되었고, 아이가 마을을 쑥대밭으로 만들어 인간들 사이에서는 그 아이가 뱀파이어라는 소문이 돌았다. 뱀파이어가 인간을 위협하면 인간은 뱀파이어를 위협하게 되므로 결국 볼투리가는 불멸의 아이와 그의 엄마를 처형했다." 벨라와 에드워드는 결혼해 담피르를 임신하게 된다. 칼라일의 의료 장비도, 엘리스의 예지력도 아이를 미리 볼 수 없다. 벨라를 살리는 길은 배 속의 아이를 죽이는 길뿐이고, 아이의 급속한 성장 때문에 벨라의 건강도 악화된다. 벨라는 자신이 죽을 것을 알면서도 아이를 선택한다. 아이가 태어나면서 동시에 벨라는 죽음을 맞이하고, 에드워드는 벨라를 뱀파이어로 만들면서 볼투리가와 한 약속을 지키는 셈이 되었지만, 동시에 르네즈미가 불멸의 아이라는 전설이 부활하며 볼투리가의 공격이 예고된다. 르네즈미를 구하기 위해서 벨라를 사랑하는 제이콥(늑대인간)과 에드워드(뱀파이어)는 힘을 합치게 되는데, 이는 벨라와 에드워드의 딸 르네즈미에게 각인된 사람이 제이콥이기 때문이다. 각인한

사상적 배경	불멸의 아이에 관한 전설	제이콥은 르네즈미를 영원히 보호해야 한다. 르네즈미는 자신의 생각을 남에게 보여주는 능력을 가지고 있다. 이러한 르네즈미의 능력과 벨라의 방어 능력, 에드워드의 생각을 읽는 능력과 엘리스의 예지력 등이 총동원되며, 르네즈미가 불멸의 아이가 아님을 알리게 된다. 이로써 전쟁을 막고 평화로운 시대를 맞이한다.

나오며

김구의 문화강국 세계관

이 책의 마지막을 쓰면서 비로소 이 책을 쓴 진짜 이유를 깨닫게 되었다. 기자로서 나 또한 세상에 펼쳐내고 싶은 이야기가 있었다. 나만의 특화된 콘텐츠로 콘텐주가 되고자 하는 마음으로 이 책을 썼던 것이다. 누구나 하나쯤 가슴에 담아두고 있는 이야기가 있다. 오늘 그 이야기를 문피아나 조아라, 네이버 웹소설에 꺼내보자.

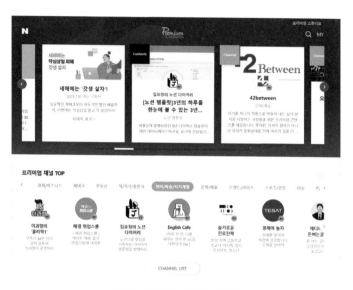

네이버 프리미엄 콘텐츠 플랫폼

특화된 정보를 가지고 있다면 네이버 프리미엄 콘텐츠도 좋다. 내 속에 담긴 이야기, 내가 알고 있는 정보를 공유하다 보면 어느새 여러분도 콘텐주의 길목에 들어설 수 있을 거라고 굳게 믿는다.

경제는 하강하고, 투자는 위험하고, 대출금리는 높고, 현실에서는 도무지 믿어지지 않는 일들이 일어나는 흉흉한 뉴스가 많은 요즘이다. 나만의 상상이지만 내가 살고 싶은 세상을 하나 그려두고 그 안의 이야기를 웹소설로 써보면 어떨까? 오늘 당신의 시작이 어떤 결과를 낳을지는 아무도 모르지만,

분명한 것은 시작을 해봐야 알 수 있다는 것이다. 아무것도 하지 않으면 아무것도 없다.

다행히 기회는 우리나라에 있다. 이미 우리나라 콘텐츠는 세계로 뻗어나가기 시작했고, 한류는 하나의 역사와 문화적 흐름이 되어 전 세계를 연결한다. 이미 우리나라 사람들의 콘텐츠에 세계가 관심을 보이고 있다. 이 책을 통해 여러분이 더 큰 시장을 보고 여러분의 이야기를 시작하는 계기가 되기를 진심으로 바란다.

일찍이 문화의 중요성을 강조한 백범 김구 선생

나는 우리나라가 세계에서 가장 아름다운 나라가 되기를 원한다.

가장 부강한 나라가 되기를 원하는 것은 아니다. 내가 남의 침략에

가슴이 아팠으니, 내 나라가 남을 침략하는 것을 원치 아니한다.

우리의 부력은 우리의 생활을 풍족히 할 만하고, 우리의 강력은 남의

침략을 막을 만하면 족하다. 오직 한없이 가지고 싶은 것은 높은

문화의 힘이다. 문화의 힘은 우리 자신을 행복되게 하고, 나아가서

남에게 행복을 주겠기 때문이다. 지금 인류에게 부족한 것은 무력도

아니오, 경제력도 아니다. 자연과학의 힘은 아무리 많아도 좋으나,

인류 전체로 보면 현재의 자연과학만 가지고도 편안히 가기에 넉넉하다.

　인류가 현재에 불행한 근본 이유는 인의가 부족하고 자비가 부족

하고 사랑이 부족하기 때문이다. 이 마음만 발달되면 현재의 물질력

으로 이십억이 다 편안히 살아갈 수 있을 것이다. 인류의 이 정신을

배양하는 것은 오직 문화다. 나는 우리나라가 남의 것을 모방하는

나라가 되지 말고, 이러한 높고 새로운 문화의 근원이 되고, 목표가

되고, 모범이 되기를 원한다. 그래서 진정한 세계의 평화가 우리나라

에서, 우리나라로 말미암아서 세계에 실현되기를 원한다.

　홍익인간(弘益人間)이라는 우리 국조 단군의 이상이 이것이라고

믿는다. 우리 민족의 재주와 정신과 과거의 단련이 이 사명을 달하기에

넉넉하고 우리 국토의 위치와 기타의 지리적 조건이 그러하며, 또 일차

이차의 세계대전을 치른 인류의 요구가 그러하며, 이러한 시대에

새로 나라를 고쳐 세우는 우리의 시기가 그러하다고 믿는다. 우리 민족이 주연배우로 세계의 무대에 등장할 날이 눈앞에 보이지 아니하는가.

이 일을 하기 위하여 우리가 할 일은 사상의 자유를 확보하는 정치 양식의 건립과 국민교육의 완비다. 내가 위에서 자유의 나라를 강조하고 교육의 중요성을 말한 것이 이 때문이다.

최고 문화 건설의 사명을 달할 민족은 일언이폐지하면 모두 성인을 만드는 데 있다. 대한 사람이라면 간 데마다 신용을 받고 대접을 받아야 한다. 우리의 적이 우리를 누르고 있을 때에는 미워하고 분해하는 살벌 투쟁의 정신을 길렀었거니와, 적은 이제 물러갔으니 우리는 증오의 투쟁을 버리고 화합의 건설을 일삼을 때다. 집안이 불화하면 망하고, 나라 안이 갈려서 싸우면 망한다. 동료 간의 증오와 투쟁은 망조다. 우리의 용모에서는 화기가 빛나야 한다. 우리 국토 안에는 언제나 춘풍이 태탕하여야 한다. 이것은 우리 국민 각자가 한번 마음을 고쳐먹음으로 되고, 그러한 정신의 교육으로 영속될 것이다.

최고 문화로 인류의 모범이 되기로 사명을 삼는 우리 민족의 각원은 이기적 개인주의자여서는 안 된다. 우리는 개인의 자유를 극도로 주장하되, 그것은 저 짐승들과 같이 저마다 제 배를 채우기에 쓰는 자유가 아니오, 제 가족을, 제 이웃을, 제 국민을 잘 살게 하기에 쓰는 자유다. 공원의 꽃을 꺾는 자유가 아니라, 공원의 꽃을 심는 자유다.

우리는 남의 것을 빼앗거나 남의 덕을 입으려는 사람이 아니라 가족에게, 이웃에게, 동포에게 주는 것으로 낙을 삼는 사람이다. 우리 말에 이른바 선비요, 점잖은 사람이다.

그럼으로 우리는 게으르지 아니하고 부지런하다. 사랑하는 처자를 가진 가장은 부지런할 수밖에 없다. 한없이 주기 위함이다. 힘드는 일은 내가 앞서 하니 사랑하는 동포를 아낌이오, 즐거운 것은 남에게 권하니 사랑하는 자를 위하기 때문이다. 우리 조상네가 좋아하던 인후지덕이란 것이다.

이러함으로 우리나라의 산에는 삼림이 무성하고 들에는 오곡백과가 풍등하며 촌락과 도시는 깨끗하고 풍성하고 화평할 것이다. 그러니 우리 동포, 즉 대한 사람은 남자나 여자나 얼굴에는 항상 화기가 있고 몸에서는 덕의 향기를 발할 것이다. 이러한 나라는 불행하려야 불행할 수 없고 망하려 하여도 망할 수 없는 것이다. 민족의 행복은 결코 계급투쟁에서 오는 것도 아니오, 개인의 행복은 이기심에서 오는 것이 아니다. 계급투쟁은 끝없는 계급투쟁을 낳아서 국토에 피가 마를 날이 없고, 내가 이기심으로 남을 해하면 천하가 이기심으로 나를 해할 것이니, 이것은 조금 얻고 많이 빼앗기는 법이다. 일본의 이번 당한 보복은 국제적 민족적으로도 그러함을 증명하는 가장 좋은 실례다.

이상에 말한 것은 내가 바라는 새 나라의 용모의 일단을 그린 것이어니와, 동포 여러분! 이러한 나라가 될진댄 얼마나 좋겠는가. 우리네 자손을 이러한 나라에 남기고 가면 얼마나 만족하겠는가. 옛날

한토의 기자(箕子)가 우리나라를 사모하여 왔고, 공자께서도 우리

민족 사는 데로 오고 싶다고 하셨으며 우리 민족을 인(仁)을 좋아하는

민족이라 하였으니, 예에도 그러하였거니와 앞으로는 세계 인류가

모두 우리 민족의 문화를 이렇게 사모하도록 하지 아니하려는가.

나는 우리의 힘으로, 특히 교육의 힘으로 반드시 이 일이 이루어질

것을 믿는다. 우리나라의 젊은 남녀가 다 이 마음을 가질진댄 아니

이루어지고 어찌하랴. 나는 일즉 황해도에서 교육에 종사하였거니

와 내가 교육에서 바라던 것이 이것이었다. 내 나이 이케 칠십이 넘

었으니 몸소 국민교육에 종사할 시일이 넉넉지 못하거니와 나는

천하의 교육자와 남녀 학도들이 한번 크게 마음을 고쳐먹기를 빌지

아니할 수 없다.

— 〈백범일지〉(1947) 김구, 381~385쪽

조물주 위에
건물주 위에
이제 콘텐주